适应力

让孩子与世界美好相遇

沈佳慧 著

北京理工大学出版社
BEIJING INSTITUTE OF TECHNOLOGY PRESS

图书在版编目（CIP）数据

适应力：让孩子与世界美好相遇 / 沈佳慧著. —北京：北京理工大学出版社, 2017.9

ISBN 978-7-5682-4296-7

Ⅰ. ①适… Ⅱ. ①沈… Ⅲ. ①适应能力–能力培养–家庭教育 Ⅳ. ①B848.4②G78

中国版本图书馆CIP数据核字（2017）第159126号

著作权合同登记号 图字：01-2016-7424

出版发行 / 北京理工大学出版社有限责任公司
社　　址 / 北京市海淀区中关村南大街 5 号
邮　　编 / 100081
电　　话 / （010）68914775（总编室）
（010）82562903（教材售后服务热线）
（010）68948351（其他图书服务热线）
网　　址 / http: //www.bitpress.com.cn
经　　销 / 全国各地新华书店
印　　刷 / 北京铭传印刷有限公司
开　　本 / 710 毫米 × 1000 毫米　1/16
印　　张 / 14.5　　责任编辑 / 李慧智
字　　数 / 156千字　　文案编辑 / 李慧智
版　　次 / 2017 年 9 月第 1 版　2017 年 9 月第 1 次印刷　　责任校对 / 周瑞红
定　　价 / 39.80元　　责任印制 / 边心超

图书出现印装质量问题，请拨打售后服务热线，本社负责调换

名家推荐

教育，定会把全人类托举在至高无上的宇宙家园

这是一本难得的好书。作者即主人翁沈佳慧女士，以其亲身经历，生动、深刻、细腻地讲述了她的家庭生活和她陪伴孩子学习、成长，在英国、德国接受幼儿园、小学教育的故事。这个故事是完全纪实的，特别是她内心的活动和独立思考的记叙，只有她本人才能真实、精准地描述出来，从而才是真正原汁原味的，这就最具可信性、可靠性。在当下，这一点尤为难能可贵。

从这本书中，我们可以得到诸多教益和启迪，特别是贯穿整个故事始终的几个核心教育思想就更有普遍价值，即：生活、兴趣、快乐、专业、适应。这些关键词集中概括和反映了她对英、德主要是德国教育的印象和看法。书中详细介绍了德国小学教育的一些具有典型意义的做法和理念，如，“玩”就是德国小学生的主修，每个人都要有“说故事的能力”，小学一年级成绩单没有分数，可以不必念大学、但不能没有专长，德国小孩七点就要上床睡觉，“读书之夜”孩子们带着卧具住在学校，小学生上烹饪课，等等，这些都深刻体现了德国人对教育真谛和孩子学习成长规律的准确把握，闪烁着人性的光芒，令人感动，也令人向往。

沈女士夫妇带着孩子在英国、德国漂流式的生活和接受教育的过程，可谓是一次富有挑战性的探索与探险。沈女士给我们大家讲述的生活教育及其见解，很有针对性地回答了人们的普遍困惑，甚至颠覆了许多传统教育思想观念，如果家长们包括学校老师能够读到这本书，并静心翻阅、消化，效仿于行，想必大家一定能从孩子教育的迷茫挫折中找到一线亮

光，使孩子的教育得到改造与重塑，从而迎来教育创新发展的美好春天。

当这一天到来时，我们将会看到：孩子们得到解救，家长们得到解放，教师们得到解脱，孩子及其家庭乃至国家和世界的命运都将获得全新的改变——教育，定会把全人类托举在至高无上的宇宙家园。

原北京军区空军副政委　少将

中央财经大学兼职教授、博士研究生导师

北京大学书同家庭文化与家长教育研究所研究员

余爱水

生活即教育

这是一个重视孩子教育又耐心又细心的妈妈，陪伴孩子一起长大的教育观察手记。在这本书中，不仅讲述了德国幼儿园、小学的教育都教什么，还包括一家人在国外定居近6年的过程中，一次次搬迁，一次次面对孩子的择校问题，孩子的适应力培养、多语种学习、阅读习惯养成，等等，更重要的是让我们看到了东西方教育观念的差异。德国教育是朝着“生活即教育”的最高教育理想去努力，注重孩子的兴趣，培养孩子的专长，并将生活教育放在了基础教育的首要位置。大家知道，我国著名教育家陶行知先生早在20世纪就提出了“生活即教育”的论断，但反思当下我们国内的教育现状，则尤为需要将“生活即教育”得以真正的落实。要让更多国内的父母和作者沈佳慧女士一样，能够从容面对孩子的教育。同时，也让孩子在生活中发现更多，对自己将来的人生充满无比的自信。

中国教育学会常务副会长　《未来教育家》总编辑

刘堂江

教育即发生在家庭，也发生在学校

爱因斯坦说：“不是每件算得出来的事都有意义，也不是每件有意义的事都算得出来。教育，就是件算不出来的事，但却有意义。”本书作者沈佳慧女士，因为丈夫的学习和工作的原因，不得不带着3岁多的儿子来到英国，之后又转入德国定居；一家三口在这近6年内不断搬迁又不断为孩子的教育而努力的同时，她也对德国的幼儿园，小学教育，了解了许多，思考了许多；她带领我们完全进入德国基础教育现场，让我们切身感受到——生活教育是没有边界的，既发生在家庭，也发生在学校。她是最伟大的发现者和引领者！

华东交通大学母亲教育研究所所长　研究员

王东华

发现孩子的与众不同

这是一本智慧妈妈真情陪伴孩子的成长手记，书中讲述了欧洲教育主要是德国教育对每一个生命的尊重，充分诠释了“生活即教育，教育即生活”的教育真谛，让每一个孩子都能有机会做最好的自己。同时，也告诉父母们：要学会用心发现孩子的与众不同之处，激活孩子的成长动力，并陪伴孩子找到他喜欢什么，擅长什么，将来能为这个世界做点什么的答案。相信孩子一定会拥有幸福的人生！

中国教育学会中小学整体改革专业委员会学术委员

北京临川学校国际部校长　郝少林

增强孩子对环境的适应力，才是教育

对生活的好奇与热爱是孩子的天性，如果在这一点父母与孩子能形成“共振”的频率，孩子会更加主动积极地接纳与融入当下的生活，去愉快地学习和创造。正如本书作者告诉我们的，生活就是一间没有边界的教室，在这间教室里不应该仅仅有教师和学生，有知识学习任务，还应该有家长和社会的参与，在这个大的共同体中学会生活。在这里，重视孩子的特质、培养孩子的专长，增强孩子对环境的适应力，才是教育的重点。所以，无论从教育工作者的角度还是家长的角度，这本书都能给我们太多的启示。

河南省商水县化河乡一中语文教师　王桂香

玩出的创造力

德国小学生的成绩单上没有分数，玩是小学生的主修，丰富多彩的生活常识课、劳作和艺术课、体育课和音乐课，令人怦然心动的“读书之夜”，在图书馆和博物馆度过的美好时光……小k的故事生动地见证了“生活本身就是教育”“旅行就是移动的课堂”“玩耍的能力是孩子心智健康的主要评判标准之一”。这样的孩子长大后更会享受生活，也更有创造力！

中国教育学会家庭教育专业委员会　常务理事

《中国教育报》家庭教育周刊　主编

杨咏梅

用孩子可以接受的方式去教育

一个非常有心的妈妈写的德国教育观察笔记。细致、实用、生动，是“生活就是教育”的最好案例。这本书对中国普通家庭、普通孩子特别具有启发和指导意义。即使你的孩子不具有特别的天分，即使考试成绩不能名列前茅，你也可以按照这本书中讲述的德式教育，用和缓的、孩子可以接受的方式，去教导和规范他们的行为、兴趣和专业。重视每个孩子的特质，一点一滴培养孩子的独立生活能力，让每个孩子都可以找到适合自己的工作。

《北京晚报》读书周刊编辑　李峥嵘

培养孩子的生活能力

美国教育家杜威说“生活即教育”。这句至理名言中所蕴含的教育智慧，可能是我们70、80这代人在工作了很多年之后，才有所感有所悟，并发觉其重要的；但在这本书中，你会发现德国的小学从第一堂课开始，就已经在培养孩子的生活能力。这种能力教会一个人从自我为出发点，认真地认识周遭世界，再以世界为视野，客观地认识整个自我。实际上，无论社会形态与价值观如何流变、更迭，这种能力才是人立身的本质，也是真正值得我们家长、老师传递给孩子的。说实话，德国小学这样的教育，让我很羡慕。

原《外滩教育》主编　吴慧雯

教育首先应基于生活

作者在这本书中告诉我们：教育是没有边界的，教育首先应基于生活。可反观我们当下的教育，脚步已经不是一般的匆匆，学校、家长和孩子似乎都被绑在一台无形的战车上，为早日出人头地迅疾前行，而忘记了为什么出发，忘记了教育的本源是什么，忘记了教育第一要教给孩子什么。长期以来，这个近似原生态的话题时常叩问、击打着教育人的心。教育家苏霍姆林斯基曾说：请记住，远不是你所有的学生都会成为工程师、医生、科学家和艺术家，可是所有的人都要成为父亲和母亲、丈夫和妻子。假如学校按照重要程度提出一项教育任务的话，那么放在首位的是培养人，培养丈夫、妻子、母亲、父亲，而放在第二位的，才是培养未来的工程师或医生。这本书讲述的其实就是这样一个“教育首先是生活”的道理，不仅启发我们思考教育本身，还对我们了解异国教育的实况也提供了一个难得的视角和生动的样本。

北京教育音像报刊总社首席评论员　张晓震

鼓励却不强迫，引导却不强制

我的孩子今年2岁半，我从事亲子教育工作，本身又是主持人，常常会采访很多幼儿园、小学的老师、家长和孩子们，写亲子类教育文章，所以对这本书中的很多观点，深表赞同。比如：书中专门有一章节写德国人是怎样培养孩子阅读习惯的，包括学校，社会、家庭是怎样不遗余力地，用鼓励却不强迫、引导却不硬性规定的方式，让孩子多接触阅读，帮助孩子建立自信心，培养孩子的阅读兴趣等。我有时候也在想，孩子们从书中，从阅读中感受到的、学到的东西远比我们想象到的，想要给予他们的要多得多。

《娟子妈妈讲故事》创始人　娟子

保护孩子的心灵世界

德国是一个十分重视母语的国家，也是一个高度重视和珍视自己文化和传承的国家，德国的思想家所占的比重是世界上最高的，他们的一些思想不仅指导着现代西方人生活的方方面面，还影响着全世界的人们，包括德国出产的工业产品和生活用品都是大家喜欢的。但要想融入德国社会，并不容易。从这本书中，我们可以看到作者一家三口在近6年内所经历的中西方教育观念碰撞和心灵挣扎的历练，以及德国的教育体制，务实的办教育方式，注重专职教育，重视每个孩子的特质，培养专长，让他们都能找到适合自己的工作，等等，这些方面给我留下了极为深刻的印象，让我心里充满了无限的向往。这是一本好书，在读的过程中，除了感叹和羡慕德国的教育之外，我们更需要一起来努力，改进我们的社会环境，改进我们的教室，保护孩子的心灵世界，才能无愧于我们身为老师和父母亲的责任。

腾讯儿童频道原主编　作家　佘玺

重视孩子的生活能力以及养成运动的习惯

在全球化竞争的地球村之中，到底什么是孩子长大进入社会后，最需要具备的素质与能力？我们有没有确实地给予孩子这些学习的机会？在这本书中，我们看到德国的小学教育非常重视孩子的生活能力以及养成运动的习惯，同时非常明确地让孩子知道什么是可以做的，什么事是不容许的，培养他们成为懂规矩、有自律的孩子，我觉得这些都很重要，却是常被我们忽略掉的。通过佳慧详尽的描述，以及生动的对德国教育现场的观察讲述，我们仿佛跟着她一起体悟到不同文化的震撼与反省，相信不管是老师或家长都能从其中获得一些启发，在往后陪伴孩子成长的过程中，有一些不同于以往的做法。

台湾亲职教养作家&荒野保护协会理事长　李伟文

不要让孩子仅仅“会念书”

在每个国家现行的教育体系与制度里，背后都有一套强大的法制、经济、社会、文化与思想体系支撑着。德国是一个非常讲究“学校教育”与“家庭教育”并重的国度，佳慧妈妈的角色，就极为称职地扮演了家庭教育不可或缺的环节。她必须在生活的实际面上，去碰撞“衣、食、住、行”等各式各样的问题，以及随孩子而来的教育问题。如何融合到德国这个大环境，如何一步一步地进入德国教育体系，其中的辛苦与挣扎，在佳慧陪伴孩子成长的历程绝对是有许多故事足以述说的。德国教育绝不是只培养出“会念书”的孩子而已。我很享受阅读佳慧的文字，希望您也能借由阅读此书，进一步理解德国基础教育的丰富面向，以及德国政府对他们国家的未来主人翁们所做的努力。

旅德作家　郑伊雯

作者序

德国教育，本身就是生活教育

重视孩子的特质、培养孩子的专长，
增强孩子对环境的适应力，
才是教育的重点。

着手开始写这本书，简直可以说是考验我德语理解能力的一大挑战，我花了约两年的时间。

让儿子小K（Kevin）从国际学校，转而进入正统的德国学校就读，从半句德语都不懂，训练到可以与同龄的德国小孩坐在同一个教室里学习，这是一段辛苦的过程。现在说来也许轻松，但是之前每天都在想该怎样让孩子可以进入一个更属于他、适合他的学习环境，再加以经常“有口难言、求助无门”的状况，现在想来，还真有点佩服当时的自己。

一位嫁给德国人、在德国居住了将近二十年的朋友告诉我：“多给自己一点时间，你在德国才接近两年，等你住到二后面在加个零，也就是二十年的时候，一切都会如鱼得水了！”

没错。时间的确是融入一个新语言、新环境相当重要的因素，孩子们的学习亦如是。

许多人因为是嫁到德国，他们有着另一半的帮助，所以融入德国当地的社会和体系，比起我们自是容易许多。我们全家都来自台湾，德文一句都不会，在这里一切从头开始，简直如拓荒一般的艰辛。

在德累斯顿工作的诸多台湾人因为外派，全家才来到德国，公司自然有许多生活上的帮助。而我的老公则是在英国取得学位后，直接受德国公司聘用，因此，除了住宿和长期工作签证的手续公司有所帮助之外，一切都得靠自己。

也正因为都得靠自己，想在这边生活下来，要考量的也就更多，难度更高；尤其德国的教育体系十分特殊，与我们熟知的教育体系完全不同，因此在儿子的教育上，我们花了许多时间研究与了解。

我记得，小K刚入德语幼儿园之后，有一阵子，我很怕和他的老师们多说话，因为我说的她们不懂，她们说的我也不懂。于是，一开始小K在学校的情况，我一无所知，后来随着听的德文多了，沟通上有了稍稍进步，也才渐渐了解他们的教育方式。

德国教育，本身就是生活教育，这是我在德国所认识到的。

兴趣和专业，是他们培养人才的重点，而不是要求每个人都要念大学，或是认为高学历才是有出息。因为一个社会的中产阶层，是支撑整个社会的庞大主轴，而这些是多数人。能够念到博士毕业、所谓高学历的，不过是人口总数中的数万分之几而已。因此，以务实的专职教育、重视每个孩子的特质，也就是——并不要求所有的小孩都要很会念书，而是培养孩子的独特专长，让他们都可以找到适合自己的工作，这是德国教育培养人才的重点和方式。所以这就是许多德国的工艺师傅“外销”到其他国家之时，广泛受到国际社会的肯定与赞赏之故。

在着手写这本书之前，我曾鼓起勇气，用“破破烂烂”不标准的德文，拜访了一些朋友，其中包括小K学校的老师、校长、同学的家长，以及德国教育单位的工作者，期盼除了自己的观察之外，能更广泛、更深入地了解德国的教育，也期盼将来在帮助小K选择专业方向时，有更多的助益。

常有朋友认为，把孩子放到“那个”环境中，孩子很快就能适应了。但是我们却往往忽略了孩子本身的适应能力，是否能招架这样很大文化差异的变化，或者生活、学习环境改变上的变化。

我发现在小K成长的过程中，我们自己因为工作的搬迁，在无形中对于他环境适应力的训练，对于他很快地融入新的环境里继续学习、生活等，都有很大的作用。现在来看，我们在欧洲生活五年多，对他来说，欧洲是他成长的地方，也可以说是他另一个家。

同时，还有一点促成小K在适应力培养方面颇为有成效的一点，那就是从小我们就带着小K旅行，也可以说他是我们旅行中最重要的一件“行李”。在经常的“移动式教养”中，他对每个环境的适应力，都在无形中成长与累积，以至于后来我们在英文环境转换成德文的环境时，他都能很快地适应。所以孩子的适应力也是可以培养的。

尤其是小K，他并不是一个特别外向的孩子，因此适应新环境若是没有经常性的训练，其实会有一定的难度。

在西方一般是父亲工作，移调另一个国家或城市时，若无特殊原因，都会带着全家一起，因此孩子转学不是什么太稀奇的事，这些孩子的适应力，只要引导得好，培养得好，通常比一直停留在原地的孩子适应力强许多。

面对未来的竞争，不只需要有知识，还要有能够适应环境的特质，才更能在人群中出类拔萃。

希望这本书可以给读者们带来一些启发，倒不是鼓励家长们为了孩子刻意地选择国际学校或者去国外读书，而是希望家长们能够借着我们在旅居德国的经验，在培养孩子的适应力方面，有更多的思考和提升的训练，而且是符合孩子本身特质的锻炼。

当然，在我们旅居德国的时光里，我们也受到过许多朋友们的帮忙，在无形中成就了我和小K不同的国际视野，以及文化视野的广度与深度。

在此要特别感谢的是，来自马来西亚的好友Mimi，由于她的帮助，让我在小K刚开始进入小学之初，有了一位“专属翻译”，有Mimi当我和小

K师长之间的沟通桥梁，才得以让我度过这段“德语黑暗期”。小K也因为有她的女儿作为同班同学，才不会在一开始的时候，因为对德文没有信心而太害怕。

通过在德国旅居的这段时光，我发现小K的适应力迅速提升，我的适应力也快速地累积了。

在此，谢谢所有帮助过我们的各国朋友们！

目录

Content

Chapter 1 我们全家都是"空中飞人"

因为小K爸的学习和工作关系，两年内，我们全家从台湾飞到苏格兰，再从苏格兰飞到德国，小K也因此念过了中文、英文、德文共六所幼儿园及两所小学。原先我也像大部分父母一样，担心孩子的适应问题，后来却发现——改变环境并不可怕。而且，不只是我这么觉得，小K也是。

目录

Chapter 2 没有边界的教室

兴趣和专业，是德国培养人才的重点，而不是要求每个人都要很会念书，或是认为念好书才是有出息。因此，以务实的专职教育、重视每个孩子的特质，让他们都可以找到适合自己的工作，是德国教育培养人才的重点和方式。

Liebe Frau
Ich gehe zurück zu Taiwan
Ich danke dir auch für alles
Viel Glück
Dein Kevin
PISA TURM

Chapter 3 玩出生活大道理

你认识那些生活中塞满一长串课程、训练、课外活动的孩子吗？……如果让他们到那些美丽恬静的地方，例如：山际、海滨、乡野间度几天假，他们竟会不知所措。……他们不知道该如何享受自我，因为他们从来没有时间学习独处，这会让他们难以面对成年后的生活。他们无法放松自己，因为从来没有人教他们该如何轻松度日。

Chapter 1 我们全家都是“空中飞人”

因为小K爸的学习和工作关系，两年内，我们全家从中国台湾飞到苏格兰，再从苏格兰飞到德国，小K也因此念过了中文、英文、德文共六所幼儿园及两所小学。原先我也像大部分父母一样，担心孩子的适应问题，后来却发现——改变环境并不可怕。而且，不只是我这么觉得，小K也是。

01 全家开启苏格兰新生活

“如果可以居住在欧洲该有多好！”住在欧洲之后，却慢慢发现“相爱容易相处难”，欧洲生活和想象中可以说是完全不同，至少，浪漫的成分已大大减低了。“真枪实弹”地面对欧洲生活和孩子的教育，与旅行或短暂的居留，是完全不同的。

二○○四年的仲夏，小K爸辞去了从事近十年的科技公司工作，我们决定出去外面的世界走一走。这早已不是我们第一天想做的事。

我们喜欢欧洲，每年都到欧洲旅行，也都把小K带着在欧洲各地穿梭，每一次都有着无比兴奋的心情。

原本认为移居欧洲一定是老年以后的事，等我们赚足了钱，等我们把小K养大以后……从没想过，会辞去台湾的工作，丢下台湾的一切，大老远地跑到欧洲居住生活。所以这样的决定多少会有些令人措手不及，连自己都觉得太快。但是，这不正是我们的决定吗？就算感到有点梦幻，但既然决定了，就往前走吧！

◎贵翻天的物价让我们“无聊”了一个月

当我们手中握着飞往苏格兰的机票，真的不敢相信，自己要离开台湾，到另一个国度去生活。虽然在过往的几年当中，我们都有安排欧洲的假期，但是这一次要长期居住，除了如愿以偿的兴奋之外，其实还有很多的担忧。

我们的儿子小K，在出生七个月大之后，就已经加入我们飞行和旅游欧洲的行列，因此他从小就习惯被我们当成“行李”，在任何地方开始他的新生活。

曾经有许多台湾的朋友问我，为什么非要到苏格兰居住生活?

最冠冕堂皇的理由，就是小K爸申请了一所英国学校，要到苏格兰念书，我们自然要跟着去了。其实比较个人、也没什么理性的原因则是，我们想去体验一下居住在欧洲的生活。

大家都说欧洲太美了，我们每年旅行欧洲的经验，也是这样的感觉，因此心中兴起了“如果可以居住在欧洲该有多好”的念头。但是等到我们居住在欧洲之后，却慢慢发现，果然是“相爱容易相处难”，欧洲生活和我们想象中的可以说是完全不同，至少，浪漫的成分已经大大降低了。“真枪实弹”地真正面对全家人在欧洲的生活和孩子的教育，与旅行或短暂居留，是完全不同的。如果没有真正体验过，很难了解其难度。

长期居住在苏格兰之前，我们曾经到过苏格兰的首府爱丁堡（Edinburgh），并且游学了一段时间。

原本以为三四个月的时间很快，一转眼就过了，但是没想到在生活

▲ 第一次看到苏格兰下那么大的雪

▲ Glasgow大学附近公园里的积雪

上，却感觉度日如年般的漫长。大多数的时间我花在超市购物和打理三餐上，所租住的短期临时公寓，也没有网络，电视只有三个频道，而且还不太清楚。

贵翻天的物价，让我们大多数的时间哪儿也去不了，因为一出门就感觉“花钱如流水”。因此，小K爸出门上学后，我和小K就只能在家里消磨无聊的时光。手边也没有书，因我们才停留三个月的缘故，无法带太多的行李。

就这样无聊了一个多月之后，我决定送小K去当地的幼儿园就读，即使只上一个月都好。于是我开始打听附近的幼儿园。

◎小 K 的西方教育启蒙之路就此开始了

因为人生地不熟，也不知该从哪里着手，而且我们所认识的朋友，百分之九十九是外国人或外地人。于是我用“土法炼钢”的方式，从我们租赁的公寓附近开始找学校。一家一家地找，一家一家地去看……寻寻觅觅了许久之后，终于发现距离我们居住的公寓大约五分钟车程处，有一所公立幼儿园，于是我急忙带小K去参观，并且询问入学的可能性。

幼儿园的秘书小姐是个典型的苏格兰人，二十多岁，虽然穿着传统而老式，但是拥有苏格兰人的友善传统，对我这位英文说得乱七八糟、词不达意的家长，十分客气。她为我简单介绍并且带我实地参观了幼儿园之后，便又带我到园长办公室内，与我讨论小K上学的可能性。

“请问你们是在爱丁堡工作吗？”园长问我。

“不，我先生在这里念书。我们预计停留三到六个月。”

“嗯……”园长停顿了一下，又说：“停留三个月以上，可以算是居民了。在爱丁堡的幼儿园（Nursery school）两个半小时是免费的，也就是早上九点到十一点半，你可以把孩子送来幼儿园。如果需要延长照顾到下午，则依钟点计费。”

园长看起来十分友善，而且这所幼儿园的环境也符合我想要的——离家不远。和小K爸讨论之后，很快地，我便把小K送到了幼儿园里。

从来没有在国外上幼儿园的经验，所以幼儿园的一切规定，对我们来说都十分新鲜。

幼儿园秘书小姐告诉我，不能随便把孩子丢给学校就走人，但也不能够全程陪在旁边，让孩子产生依赖感而无法融入幼儿园生活。幼儿园里规

▲ 爱丁堡

定，每个孩子第一天上学，家长必须在园内的另一间备有茶水的书报室里等待一个小时，然后再把孩子带回家。若是孩子到园的第一天对于环境适应没太大问题，第二天家长就可以在送孩子到园内之后离开，一小时后再来接走。如果这两天都没有问题，孩子可以适应，没有大哭大闹的吵着找妈妈，第三天开始，就可以等到中午再接回。

小K通过了前三天的考验，第四天开始就正式地开始每天去幼儿园了。从第二个星期开始，我们又试着让他在学校一直待到下午三点。

就这样，小K每天在爱丁堡幼儿园里待的时间，由一个小时渐渐延长到五个小时。这大概是他从小就跟着我们旅行的关系，他并没有太害怕新环境，加上老师的耐心，更让他与小朋友们相处融洽，他的英文学习，更因为受到老师的启蒙，累积的词汇也渐渐多了起来。

这是小K继在台湾上幼幼班（类似中国大陆的小托班）之后进入的第一所幼儿园。经过这些日子的过渡，小K已经可以顺利接受西方的启蒙教育了。

小K妈的悄悄话：

- 到了新环境就是一个新生活的开始。
- 而进入一个新环境，孩子一开始需要的不是马上学会当地的语言、不是立即赶上课业进度，而是耐心开导的老师，还有陪伴他一起适应新环境的父母。
- 有了这些，每一个孩子都会相信：即使环境改变了，也并不可怕。

在公园里喂鸽子

02 进入苏格兰幼儿园历险

进入苏格兰幼儿园遇到的第一个大问题，就是小K不吃午餐……原来幼儿园里的餐厅就像《哈利·波特》电影中四个学院的学生聚在一起吃饭的那种大餐厅，太多人一起吃饭，小K觉得很不安和害怕。幸好这里有细心的老师，她试着把食物另外拿给小K，小K竟然一口气吃了个精光！

几个月之后，我们离开了爱丁堡，搬到了苏格兰第一大城——格拉斯哥（Glasgow）。

在苏格兰的格拉斯哥，无论是小学生，还是大学生们都拥有极好的福利。小K爸在当地求学，因此在他求学的期间，被视为当地的居民看待，连带我和小K，都可以拥有免税、受教育（我可以上学校提供的免费英文课程），以及保险的福利。

▲ Glasgow租住处旁的小公园是小K每天踢球玩耍的地方

▲ 格拉斯哥的私立幼儿园

◎选择幼儿园时，教学质量是关键

我们住在格拉斯哥大学附近一栋租来的小房子里，为了不让小K英文学习荒废太久，在格拉斯哥的生活大致安定之后，我便开始积极尝试在住所附近为小K找幼儿园。

没多久我就在一个小公园附近找到了一所公立幼儿园。谈了几次之后，园长说很乐意让小K到这边就读，但是由于小K的英文不够好，因此园长希望可以从半天开始（即早上的九点到十一点半）。我发现格拉斯哥人的英文腔，比爱丁堡的苏格兰腔更为难懂。我也觉得从半天开始读，是一件好事。

虽然说幼儿园算近，但因为没有直达公交车，必须转两班车才能到。于是每天早上，我九点前送小K到学校，回到家大约快十点，十一点左右我又得匆匆出门去接他。如此过了三周之后，我感觉小K和以前在爱丁堡的时候不太一样，似乎不是很开心。

所以我问他："你喜欢这所幼儿园吗？这里好玩吗？"他摇摇头。

"怎样不好玩呢？"

"我只喜欢星期五，因为那个老师会跟我玩。"

于是，我深入地了解了一下小K在幼儿园里的情况，发现这所幼儿园的老师不会特别照顾小K，除了那个星期五来的老师。而那位老师是个还在念书的实习老师，因此她只有星期五会在这所幼儿园。她知道小K是新来的小朋友，她会刻意地跟小K多说话，并且问他问题，教他一些东西。

小K是个一开始只会站在旁边观察的小孩，需要老师多引导他几次，他才愿意回应。而除了那个老师，其他的老师都是跟他说一两次话，看他没回答，认为他听不懂，就不再特别搭理他，所以造成之前很爱去幼儿园的小K，觉得这所幼儿园一点都不好玩！再加上几次我跟老师说想让小K念整天，这样可以比较快地融入新环境，但老师都以“他还没有准备好”而回绝。这时我就觉得这所幼儿园的老师不够用心，于是我就开始酝酿为小K找寻新的幼儿园。

这次找的幼儿园离家更近了，就在格拉斯哥大学的旁边，是一所私立幼儿园，收费较为昂贵，上课时间也较短，如果有事要让孩子在学校待晚一点，就必须额外付费。要进这所幼儿园，还必须先接受测验。这个测验是需要付费的，一次二十英镑，时间是四十五分钟。为了不让小K继续待在那所让他不太快乐的公立幼儿园，我们决定让他试试测验。

这所幼儿园的园长看起来很专业，把小K带入另一个房间内进行测试。我和小K爸的心里七上八下的，也不知道他们对这小小孩测验些什么。经过四十五分钟的“折磨”之后，小K和园长走出了房间，园长很客气地跟我说了他的测试结果：“Kevin不错，简单的英文句子大概都听得懂，他认得所有的颜色，也认识字母，虽然没有信心说，但是我相信他可以学得很快。你们希望他什么时候来上学呢？”

既然小K通过了测试，当然是越快越好啦。最后我们决定：前三天先上半天，接下来就可以上整天了。就这样，小K离开了公园旁的公立幼儿园，转入了这所私立幼儿园，后来才知道这所“汉泉森幼儿园”是苏格兰最有名的私立贵族学校之一。

这所私立幼儿园和一般的公立幼儿园不同，除了学费较贵之外，还必须帮孩子准备制服。光是制服就先花了一笔钱，接着每个月还得缴将近台币三万元（合人民币六千七百多元）的学费，但却换来了老师们非常的专业和耐心照看。

◎老师的细心，发现了小小孩的大问题

进入这所幼儿园后遇到的第一个大问题，就是小K不愿吃午餐。

当老师告诉我小K不愿吃午餐的时候，我觉得很诧异，这个爱吃的小家伙，怎么可能轻易放弃好吃的食物？接着我发现他感冒了，想想可能是胃口不好，于是让他在家休息一天。休息了一天之后，小K恢复了上学，但是他却持续着同一个现象：不吃午餐。

这个问题让我很苦恼。我相信绝对不是他肚子不饿，“一定是东西不合口味。”我自己如此猜测着，也和小K爸讨论了一下，都认定他不吃饭是因为这个理由，因此软硬兼施地嘱托他一定要吃。

因为他怕我骂，他第一天吃了水果。水果岂能果腹？回来又好说歹说的跟他“沟通”了一番，要他多吃一点。

第二天，他又打回原形，还是没吃。我问他为什么又不吃午餐？他居然回答我：“老师没给我水果。”听到这个理由真是让我很不理解。大伙儿在吃得津津有味的时候，他却不吃，居然还说老师没给他水果。我再次嘱托他不吃午餐的话我会很担心他的身体，让他一定要吃。

第三天放学之后，幼儿园老师Miss Cooper很高兴地告诉我，她终于找

到小K不吃午餐的理由了！我很惊讶老师能找出他不吃饭的理由，也佩服老师的细心。

Miss Cooper说：“今天我担心他又不吃饭，于是从餐厅拿了一些面包和水果，让他在教室旁的小房间吃，他一下就吃光了！我想他是不习惯跟那么多小朋友一起吃饭，所以不肯吃。”

原来，幼儿园的午餐是和小学部的孩子们一起吃的，而且餐厅就像《哈利·波特》电影中四个学院的学生们聚在一起吃饭的那种大餐厅，太多人一起吃饭，小K觉得很不安和害怕，坚持不肯吃，后来老师试着另外拿给他，他竟然就一口气吃了个精光！

于是可算解决了小K“不吃”午餐的问题。几周之后，他渐渐也愿意和大家一起在餐厅吃饭了。

没有了“不吃午餐”的问题，本以为我可以高枕无忧。没想到，没隔几天，小K又开始闹脾气。起因是：班里的好朋友Richard生病了，没来幼儿园上课！

小孩子，甚至连我们都有可能因为一时情绪不断扩大，而导致原本愿意做的事变得不愿意了。连续几天早上，当公交车快到学校的时候，小K就开始说头痛或头晕。

“为什么头晕？”我问他，“感冒吗？还是不想去幼儿园？”

“不是，是晕车。”“晕车？”还好吧，那就前一站下来，走走就好了。我总觉得他不是晕车。

下了车，小K问我：“Richard今天会来吗？”这下动机更明显了！原

▲ Glasgow幼儿园毕业照

▲ Glasgow幼儿园毕业礼物

▲ Glasgow幼儿园毕业典礼餐会

来是担心好朋友没有来上学呀！我不再骂他，跟他说："他今天一定会来，可是你要等他。"他点点头答应了。

回想他在幼儿园里的情形，其实也不是一直与Richard一起玩耍，但是，我觉得他寻求的是一种安全感，一种说同样语言的安全感。

孩子有时需要我们用童稚的方式来理解，"成熟一点"地对待，他们也更愿意欣然接受。

幼儿园老师告诉我，Richard没来的那天，小K只稍稍地哭了一下，就和其他的小朋友一起玩了。其他的同学来自不同国家，但是他却可以渐渐融入，所以说Richard在与不在，只是因为语言隔阂的问题，其他，一切ok！

小k在汉泉森幼儿园待了整整一年的时间。

他的英文基础几乎全是在此时奠定的，这个幼儿园的收费虽高，老师却都很有耐心并学有专精，因此除了刚开始些许的不适应，他在这里度过了很快乐的时光，后来除了Richard，又加入了一个亚裔血统的尼欧（Neo，妈妈是日本人、爸爸是苏格兰人），三个人成了很要好的朋友，也促使我们这三个妈妈跟着也成了好朋友。

回想当时，我几乎是在听不太懂英文的状况之下送儿子去上学的，跟着孩子一起成长，我的英文也越来越灵光。老师每天会告诉我小K在幼儿园里发生的事儿，以及他在幼儿园里学习的情况。原本以为会就这样继续留在苏格兰，让小k继续升上小学的，但是小K爸收到了一纸工作聘书，让我们举家搬到德国去，开始另一个国度的新生活。

小K妈的悄悄话：

- 在新学校与旧学校的转换之间，帮助孩子找到可以一起玩耍的伴，十分重要。除了可以消除孩子对陌生环境的恐惧之外，在学习上也有正面的帮助。
- 而有时候，孩子到了一个新环境，会让父母与孩子一同成长，看到孩子成长过程中不同的另一面。这就是孩子适应力培养的开始。

▶德累斯顿的城市风光◀

03　带着苏格兰腔到德累斯顿

这五年多以来，长居国外，不论是念书还是工作，我们已习惯不同环境的转换，每一次转换，都有全新的不同体验。所以早练就转换环境的“金刚不坏之身”，连搬家都搬得习以为常。

二〇〇六年初秋，小K爸接到了新工作的聘书。我们收拾完在苏格兰念书时近两年的所有家当，越过英吉利海峡搬到了德国东部。小K也随着我们再度前往一个陌生的国度。

许多朋友的疑问也排山倒海而来：

“为什么要选择在东德？”

“为什么不去西德？西德比较进步！”

仿佛只有德国西部的所谓先进，才是安家工作的乐土。若以所谓城市化的进步而言，英国已经够好了，但是英国的物价太高，生活亦是相当辛苦。所以事实上，德国对我们而言是一样的，一样的陌生，一样的充满挑战，无论是东德或者是西德。况且，现今已没有所谓东西德之分，只有德

国东部或西部，尽管东部与西部的经济状况仍有些许差异，然而基本上现在的东德已非昔日之东德。至于为什么在德国东部，当初的决定，主要原因是想，德国算是个工业国家，尤其小K爸所从事的科技制造业，前景看起来比英国好得多，因此，我们舍弃了已有工作机会的威尔士，而聘用小K爸的单位就位于德国东部，我们当然就来啦!

这五年多以来，长居国外，不论是念书还是工作，我们已习惯了不同环境的转换，每一次转换，都有全新的不同体验。所以早练就了转换环境的“金刚不坏之身”，连搬家都搬得习以为常了。

◎到德国后，才发现英文根本无用武之地

在小K爸接下这份工作之初，我们就已计划在工作签证核发下来前，必须先来看看这个素未谋面又将与我们息息相关的城市——德累斯顿（Dresden）。

德累斯顿对于我们，远不及柏林、慕尼黑、法兰克福这些城市耳熟能详，但是对于很多德国人，甚至欧洲人来说，这是一个具有历史意义的城市。只是到了这里我们才知道，原来英文在这里根本无用武之地，更何况是一口苏格兰腔的英文!

这里的建筑的形式、德东人的样貌，都与德西的城市大大不同，而最让我们觉得困难的是：这里会说英文的人口，比起德西那边可以说是少得可怜。

而我们必须在这个语言不通的城市生活下来，让我们的孩子在这里接受教育，这样的变化在我们来之前，已经过一番考虑。多方评估之下，我们才决定整理行囊，飞到这个偏远的城市，开始全新的生活。

据说，“德累斯顿”意为河边森林的人们。

这座城市建城至今已经有八百年的历史。我们抵达的时候，这里的居民们正在为这座城的八百岁生日庆祝。穿过旧城区的河流，就是发源自捷克山区、东欧源远流长的大河——易北河。因此这个美丽的古城，被誉为“易北河上的佛罗伦萨”。

对于德累斯顿的初印象，只知道它位于德国东部，是德国与波兰、捷克交界的边境城市。在第二次世界大战前是德国有名的工业城，在德国投降前，被英国盟军炸得很惨，旧城区近乎全毁。现在我们所看到的建筑，

▲ 德累斯顿的易北河畔

大多是战后重建。加上从前这里是东德，与外界隔绝将近四十多年，因此在我脑海中没有太多深刻的印象。

在一九九〇年东西德合并后，德累斯顿迅速重建，地标建筑之一的圣母大教堂就是在第二次世界大战中被炸到几乎全毁后，在原址旁重新恢复原貌的。再加上许多精美的德累斯顿巴洛克风格建筑，所以它被誉为欧洲最美丽的城市之一。此外，在二〇〇二年，德累斯顿还被列为欧洲绿化最好的大城市，有三分之一的地区被森林覆盖。

这么美丽的城市，将成为我们居住的地方，除了语言不太通之外，其实生活上感觉是蛮舒适的，也由于德累斯顿经常被人称为“德国的硅谷”，所以从世界各地、德国各地到这边工作的外来人口，也慢慢多了起来。

在小K爸就职之前，趁着暑假我们拜访了这座城市，它给我们留下了还不错的印象，也为我们将长期居住在这里或

▼德累斯顿的圣母大教堂

多或少做了心理准备。

抵达的第一天，我们被安排在了小K爸单位的家庭宿舍中住了下来，在三个月的居住期限内，让我们自己寻找新的住所。因此就在这样忙乱且又语言不通的情况下，我们开始了德累斯顿新生活。

后来发现这座城市不只是重建了许多建筑和历史遗迹，其城市各区的结构和外观也有所不同。许多地方还包含着古老的乡村核心，而一些地方则几乎完全保存着乡村的原貌。

我们所居住的区域即是被合并后的德累斯顿外围地区，从前是小镇，现在已纳入德累斯顿的市区范围。这个区域有七百年的历史，目前也是德累斯顿科学园区的所在，许多国际科技公司皆在此设厂，因此在保守的德累斯顿，此区的居民算是相当国际化，算是英语“稍”可通行的地区之一。

看着我们的“新家”，虽然地处郊区，但生活环境还算不错，靠近电车站，搭火车、电车都可以直达市区，不嘈杂，也有超市和购物中心，十分方便，四周还有森林围绕，因此我们很开心。

小K妈的悄悄话：

◆每一次的转换，造就着我们与孩子重新开始的适应能力。

◆新环境也使我们全家人的关系更加紧密。环境的改变即使会衍生各种不同的问题，但是若将适应不同的环境视为一种经验与学习，能将孩子导向正确的方向，对于将来绝对是有裨益的。

04 进入说英文的国际学校

从小我们就让小K对自己的事可以有某些程度的选择和意见参与，而这一点当我们在筛选过后，无法取舍之时，是一个很好的决策指标。我相信小K也知道，到国际学校，是他必须重新适应新环境最少心理负担的一个选择。

全家人除了工作和新生活的适应，我们又开始面临为孩子找学校的问题。

“去国际学校可以吗？”我问小K：“还是你想要到一般的德国学校？”

在到德国之前，我就先提出这个问题问小K，毕竟要去念书的是他，他也应该可以有点自己的意见。

“去国际学校吧！”儿子年纪虽小，但从小我们就让他对自己的事可以有某些程度的选择和意见参与，而这一点当我们在筛选过后，无法取舍之时，是一个很好的决策指标。我相信小K也知道，到国际学校，是他必须重新适应新环境最少心理负担的一个选择。

◎德国的教育与英国的教育大为不同

在德国工作与生活，其实最让我伤脑筋的，是孩子的教育问题。

德国的教育体系十分特殊，与我们一般所熟知的美式体制的教育大异其趣，而且也和英国的教育体系大相径庭。在欧洲众多国家中，德国教育虽非顶尖，但是水平亦在中上，不过却与其他欧洲国家的教育大为不同。

我们在英国住了将近两年，对于英国的教育制度，基本上了解较德国深入一些。而且，原本我们一直以为，将会留在英国工作的，但误打误撞、计划永远赶不上变化，我们又再度漂洋过海，来到德国。

▲ 德累斯顿的国际学校

尽管小K已经从小适应旅行、习惯了转学，然而即将进入基础教育的年龄，如果再随意搬迁，不仅对学习语言不利，对于幼小教育的衔接，我担心也会有大的问题，因此让我们不得不仔细考虑。还好当初到德国时，小K五岁，还有一年幼儿园的缓冲时间才上小学，这让我们有了更多的适应和准备。

英国的教育体系中，小学是从满五岁开始入学，念七年。之后再进入中学，念五年，毕业后经过会考（A-level），依成绩申请进入大学。所以总共基础教育也是十二年。

在德国，小学（Grundschule）是从满六岁开始入学，有些孩子甚至七岁才入学，小学共念四年。小学毕业后申请中学，主要是依小学四年的成绩决定进入哪一所中学，一般中学是八年至九年，依各个州的地方规定而定。总之，德国的升学方式和渠道，十分复杂，德国人自己也常说："有些时候，连我们自己也搞不太清楚！"

从英国搬到德国，我们不需要适应时差，不需要适应昼长夜短、昼短夜长的变化，因为在苏格兰，早已习惯夏日到午夜十一点还可以撇见一抹夕阳，以及下午三点多就开始天黑的漫漫冬日。我们最需要适应的是语言沟通方面的问题。

而在德累斯顿会说英文的人，一般只在特定的区域，一些年轻人才会说英文。基于这个语言不通的情况，经过我们多方面考虑，最终决定让小K先念国际学校。

所谓国际学校，一开始是设立给各国驻德人员的孩子受教育的学校，以英语授课为主，可以从幼儿园一直念到中学毕业，再申请大学。现在也有些有钱的德国人，把自己的孩子送进国际学校增进英文能力。但是国际学校费用比较高，简直可以媲美在美国念大学，而且随着年级的增加，学费更是步步高升。

好在小K爸上班的单位，提供给海外员工子女就读国际学校三年免学费的福利。在一句德文都不会的情况下，小K进国际学校似乎也是我们理所当然的最佳选择。

于是，抵达德累斯顿之前，我写信给国际学校的校长，告知我们会在八月底前到达德累斯顿，若是可以小K将于九月四日入学。

◎德国人从小就让孩子练习独立

到达德累斯顿的第一天，我就带着小K依约到学校报到。

在走进这所外表看起来如童话乐园般的学校时，我心里忍不住为小K即将在这个美丽的地方学习高兴起来。这所学校有两个校区，一个校区就在电车站旁，是幼儿园小班上课的地方，联系两个校区的，是一座有步道的森林，穿越森林，约五分钟的路程，就是大孩子们上课和游戏的地方。初来乍到，我对这所国际学校的印象极好。

那时小K五岁，在入学之前需要做一个测验，评估他的英文能力如何，是否可以进入与他年纪相仿的班级念书，或者只能从年纪较小的班级开始。

国际学校幼儿园部的园长，是一个和蔼可亲的美国女士。她看到小K

之后，亲切的问候他：“你好呀，你叫什么名字呢？”“请跟我进来，让妈妈在外面等一下好吗？”小K点点头。

在国外连这样简单的测验，都要孩子独自面对，没有父母亲陪在身边这件事，父母只能在外面等待，以免干扰孩子的测验。

园长给小K的测验很简单，需要他写出自己的名字，并画一张图。园长看过他的测验后告诉我：“他的英文理解力没有问题，也能够写他的名字，从这张图看起来，他的成熟度也已经很好，所以可以依照他的年龄就读大班，不需要从中班念起。”

因为我们在苏格兰居住近两年，我知道小K的英语基本能力不是问题，所以这一关很快地通过了。接着园长就带领我们参观学校。小K念的

▲ 小K就读的德累斯顿国际学校幼儿园师生

是幼儿园大班，位于穿过森林的另一个校区，接近易北河畔。从前面的校区走到后面的校区，穿过森林，需要五六分钟的时间。这个小森林，是小朋友们和附近居民休闲的场所，因此在夏日时光里总是很热闹。

园长说：“填妥资料，两天后他就可以正式上学了。我带你们去认识一下他的老师和同学。”这时我就在想：到目前为止小K已念过四个幼儿园了，适应能力应该已不是大问题。

在园长带领我们参观这所幼儿园的时候，我看到国际学校里有来自世界各地的学生，包括美国、英国、德国、法国、瑞士、印度、中国、韩国、日本等地的小朋友……这是小K进入的第五所幼儿园，我希望他能够更好地学习、快乐地生活。

小K妈的悄悄话：

◆人生难免有不同的转换和变化，让孩子理性、正面地认识一些不得不面对的变化，对孩子来说也是体验生活的宝贵经验。

05 再次为小K找寻新学校

最后，使我下定决心让小K离开这所学校的原因，是我亲眼看见了一个三岁孩子跟着妈妈去接哥哥姐姐放学，在玩耍的时候，竟被一群学校中的大孩子，压在大型三角锥的空心陀螺下出不来。竟然在家长面前都会发生这样的事，实在不敢想象。也不知道我们没看见的时候，这些捣蛋的大孩子会做出什么事儿。我发现这所国际学校对于小孩的行为导正，真的有很大问题。

事与愿违，小K在国际学校待的时间并不长。进学校的两个多月后，就陆续续出现许多问题。在这所国际学校中，孩子们的英文程度参差不齐，没多久我就发现小K说的英文句子越来越简单，英文表达能力也在退步中。

接着学校老师开始不断告诉我，小K每天在学校的捣蛋记录：上课不专心、总是和他的好友马克斯在一旁玩耍，下课和马克斯爬出学校篱笆到隔壁人家的院子里玩，拿沙子砸人……我思索着从苏格兰到德国也不过三个月的时间，小K的变化怎能这么大？

我只好软硬兼施地告诉小K不要上课捣蛋，小K回答说："老师上课真的好无聊，每天都学ABC，而且大部分的人都不会，马克斯找我玩，我就跟他玩。"

"那你干吗下课爬墙出去？这样很危险你知道吗？"

"是马克斯提议的，还叫我先爬，我们都没被发现，爬回来的时候才被老师看到的。我知道下次不可以啦。"他回答得还理直气壮的！

"就算这样，你也不可以用沙子砸人。"

"是那个日本小孩先砸我的，我去跟老师说，老师也没说什么，后来他又砸，我就砸他了，结果被老师看到。"……这个小家伙的理由还很多，但是有些也源于老师没有积极地发现问题并处理，去导正孩子。我开始意识到，也许这个学校并不适合他。

◎能让孩子安心学习的，才是好学校

又过了没多久，学校发生了一起德国爸爸报警事件。

这个德国爸爸是小K爸的同事，他的太太是日本人，一儿一女都在国际学校就读。那一次是因为他的女儿在游戏场玩耍的时候被推倒了，后脑摔破流血，送到了医院，据说还缝了几针。德国爸爸很生气，要求学校查出是哪一个人推他的女儿，并质问是不是故意的，结果学校老师和校长连查都不查，都推托说是意外，没有人看到。看到学校这样的处理态度，德国爸爸一气之下，就到附近管区的警局报警。

隔天，警察就到学校调查。而他的太太认为事情没这么严重，小孩没事就好。但是德国爸爸认为，学校管理学生的行为和态度不对，才坚持报警。他说，并不是想要让推人的孩子怎样的受到惩罚，而是学校的处理态度令人生气，若是学校愿意好好处理并且导正学生的行为，他也不会弄到要报警，毕竟他的女儿已经没事了。

这件事后来依然不了了之，但是我开始意识到让小K留在这所学校实在有点危险，尤其小K又是个“皮蛋”，不是被打到的话，说不定也有可能会学着打人。

又没过多久，我去接小K，才在游戏场的另一头跟老师说了两句话，就看到一个大约十岁的女生，推了经过楼梯旁的小K一把，害他差点站不稳而跌下楼梯。

我马上走过去问她：“你为什么推他？”看到大人干涉，一句话都不敢说。在一旁的一个男生，大概是她的同学，竟然替她回答：“是他先推的。”我亲眼看见，这小孩竟然睁眼说瞎话。

于是我很不客气地问他们：“你们几岁？有十岁了吧？一个十岁的小孩在楼梯上推五岁的小孩，你觉得这样很对吗？就算是他先推你，你就应该推回来吗？你应该要求他道歉而不是推回来吧？你的父母亲是这样教你的吗？”他们被我说得哑口无言，什么话都不说地走了。显然他们认为以大欺小是件平常的事。

上述的事件，大大小小、层出不穷。

最后，使我下定决心让小K离开这所学校的，是一个三岁孩子跟着妈妈去接哥哥姐姐放学，在玩耍的时候，竟被一群学校中的大孩子，压在大型三角锥的空心陀螺下出不来，三岁孩子在大陀螺内，不断地呼叫：“让我出来！让我出来！”

外面的孩子听到呼叫声，竟然觉得更好玩，不但不让他出来，还故意压得更紧，让他在里面动弹不得。还好，这时被我们和他的妈妈看见了，赶紧把他救了出来。

“竟然在家长面前都会发生这样的事，实在不敢想象。也不知道我们没看见的时候，这些捣蛋的大孩子会做出什么事儿。”回家之后，我很坚定地告诉小K爸：“我一定要帮小K转学。我发现这所学校对于小孩的行为导正，真的有很大的问题。”

我决定不要把小K放在一个教导方式存在问题、学费还昂贵、离家又远、感觉也不是很安全的学校里面，因此我开始询问附近德国幼儿园的入学方式。

◎按志愿分配的德国幼儿园

楼下美籍华裔的邻居告诉我：“德国教育到了小学四年级就分流了，四年级之后，孩子就要决定以后是走技职路线还是念大学。所以你要想清楚。”

这样的好意告知，让已经决定帮儿子转学的我有些紧张。四年级就决定以后的路，是不是太早了点？我担心我的孩子德文还不够好，万一是可以念大学的，却因为语言不够好而进入技职学校体系，岂不是耽误了孩子？虽然技职学校也不错，但是，太早决定孩子的未来似乎不公平。

就这样反反复复，想了很多、与小K爸讨论了很久，也询问了很多德国同事的意见和看法，最后还是决定转学。因为继续待在让儿子行为无法控制、学费每年超过六千欧元、英文又无法进步太多的国际学校，马上就衍生了很多问题，如此倒不如直接进入德系学校把德文学好。当初的想法是：全世界学英文的人口多，学英文比学德文容易，而且小K已经会说英文，有了基础，只要愿意，将来学英文比学德文容易得多。既然已经到了这个说德文的环境，把德文学好，应该是比较好的选择。

还好，小K对于换不换学校，没有太大的意见，大概他也碰到很多“有口难言”的窘境吧，而且不用再每天搭来回将近两个小时的电车上学，也是一件轻松的事。因此我们通过小K爸同事的帮助，开始准备申请离家较近的德国幼儿园。

关于申请德国幼儿园，又遇到了许多新问题。

德累斯顿这个城市的规定是：首先，我们必须填好想要就读的幼儿园排序，写信寄到管理全市幼儿园名额的教育单位，等待他们告诉你哪个幼儿园有名额可以就读。当我看到小K爸拿回来的“德累斯顿幼儿园一览表”，真的是头昏脑涨，上面全是密密麻麻的德文，几十家幼儿园，连在城市的哪个角落，我们都还搞不清楚呢，真是很难选择，我们只好从离家近的开始考虑。

据说，从前是可以自己先找寻一家幼儿园，只要幼儿园愿意收，也还有名额，就可以入学。但后来造成了许多幼儿园必须排队等候，一些幼儿园招生不足的问题，有鉴于此，政府改变了孩子入学的分配方式。现在家长必须写下想要进入的幼儿园，寄到市政府教育局负责的单位，由他们统筹分配。

也曾听说在德国西部，很多小朋友要上幼儿园必须提早排队，但在德累斯顿，这样的问题似乎并不是太明显。我们依序填好了家附近的几所幼儿园，请小K爸的同事在教育单位工作的太太帮我们送件。没多久就得到了回音，离我们家最近的幼儿园名额已满，在走路约十五分钟的另一个幼儿园，正好有一个名额，于是，小K转入了这所德国幼儿园。

小K妈的悄悄话：

◆学校有不同，教学方式也有不同，只要是孩子可以适应并且如鱼得水的学习环境，就是最好的学习环境。

06 正式进入德国幼儿园就读

由于德国四季分明，幼儿园于每一季都会安排不同的户外活动。春天里，孩子们就在户外追逐开始出来觅食的小鸟；在仲夏时分，天气非常炎热，于是在午后，老师们会让孩子在户外玩水消暑；秋天里，则捡拾各种颜色的落叶或掉落的成熟果实，用来制作美丽的卡片；冬天就拉着雪橇到户外玩雪。这个年纪的孩子，总是在玩耍中学习的。

如果要进入小K爸公司附设的幼儿园，可能要排上两年的队，才能排得到一个位置，因此我们放弃了排队，直接接受在家附近上幼儿园的机会，让小K转入。

过完近三周的圣诞假期，新的一年开始，小K正式进入我们家附近的德国幼儿园就读。

一开始，老师看到他是东方面孔，因此把他们班上唯一的越南同学——丰，特地找来，以为他们是可以沟通的，试图让他早些熟悉同学和环境，没想到还是语言不通。于是老师只好从最简单的单词和句子开始教他，并且让小K尽可能地融入班上的一些活动。

这时候小K已经五岁。也就是说，在那一年的暑假过完就要进入小学就读，所以这个学习阶段被称之为“Vorschule”，就是为小学做准备的学前班。老师会用有趣的方法，教他们写数字、认字母，最重要的是：要认得自己的名字。

德国幼儿园和小K先前上的国际学校幼儿园也有所不同。

在德国幼儿园里，基本上最重要的就是让孩子们玩耍。孩子们可以和老师一起玩配对游戏、合作拼图、搭积木等，让孩子从小就能体会到团体合作的力量，并训练孩子自理他们分内的工作，是一件极为重要的事。

在中午时，每个孩子都要午睡，因此只要是待在学校一整天的孩子，家长就必须为他们准备睡衣、小被子、小枕头，以及他们习惯抱着睡觉的小抱枕。吃完午餐，每个孩子得认领的自己的小床垫，找个喜欢的位置，开始睡午觉。

睡醒之后，自己必须收拾好午睡的床垫，然后开始吃学校为孩子们准备的下午点心。有一些睡眼惺忪的孩子，还在刚睡醒的呆滞中，也要坐着吃点心。吃完点心之后，孩子们才可以到户外玩耍，一直到家长来接。

我比较认可德国幼儿园这样作息规律，但又不至于死板的方式来带领小朋友，孩子们需要靠作息正常，来培养良好习惯。此外，幼儿园会时而穿插校外教学、到户外公园玩耍和散步等的课程安排，让孩子们更有新的刺激与收获。

尤其在孩子们外出时，必须知道如何守规矩、并且两人一组手牵手，边走边听老师的介绍和说明，真觉得他们是快乐学习的小天使！这和我之前观察到的德国人一板一眼又严肃刻板的印象，有蛮大的落差。

由于德国四季分明，幼儿园于每一季都会安排不同的户外活动。春天里孩子们就开始在户外追逐出来觅食的小鸟；在仲夏时分，天气非常炎热，于是在午后，老师们会让孩子在户外玩水消暑；秋天里，则捡拾各种颜色的落叶或掉落的成熟果实，用来制作美丽的卡片；冬天就拉着雪橇到户外玩雪。这个年纪的孩子，总是在玩耍中学习的。

此外，每个星期四的早上，孩子们会由老师带领着搭公交车到幼儿园附近的游泳池游泳、玩水。而在前往游泳池上课之前，孩子们必须到诊所检查身体，请医师开具可以下水游泳的证明，才能和大家一起去游泳。可以看到老师们在组织安排孩子们园外活动时的每个小细节都很注意，也都百分之百要求家长配合做到，以确保孩子们的健康与安全。这也包括老师们经常性地安排孩子们参观博物馆、进图书馆等。

小K进入德国幼儿园之后，各方面都有一些进步，他的同学们也都相当守规矩，老师也会适时纠正孩子的不当行为，并且很注意他们在校园内外的安全。老师告诉我，除了偶尔发现小K会想妈妈之外，其他的情形都还算相当不错。当时小K的德文虽在渐渐进步，但老师还是热心建议我，由于小K即将进入小学，可以考虑另外为他找个德语老师，加强德语学习。

听了老师的建议，我开始积极地为小K找德语老师。

很幸运地在幼儿园同学家长的介绍之下，我为小K找到了一位德语老

▲ 小K在幼儿园内过6岁生日

师——安雅。我们在聊天时还意外地发现，她的先生竟然正巧是小K爸的同事。加上她也有一个和小K同年的女儿，于是我从小K入德国幼儿园开始的四个月后，每周两天的早晨，先带小K到安雅家上德语，之后再送他到幼儿园。每周也选几天，让小K到安雅家和她的女儿以及其他的邻居一起玩耍，无形之中，小K的德语越来越好，到了暑假，他的德语已经几乎没有问题，行为上也比在国际学校时改善了许多，不再有随便向同学扔掷沙子的事件发生，他在一个愿意去适应的学校中逐渐成长，奠定了他进入德国小学的基础。

看到小K这样的进步，我很高兴自己将他转出了不适合的学校，离家近，我也可以有自己的时间，也可以开始去上德语课。因为我也实在有必要知道，学校老师对我说些什么，学校的通知单到底要家长配合些什么，总不能老是拜托邻居来帮我们看学校通知单吧！

在德国幼儿园的时光里，小K算是过得相当快乐的，也学习到如何与德国孩子相处。

幼儿园老师对孩子们的呵护，也不遗余力。在冬天里，只要是天气许可，老师一定会让孩子们到户外玩耍，但若是没有穿好保暖衣帽的孩子，是不被允许到户外的。老师会保护孩子，会训练孩子的独立，但是绝不会用气候来考验小孩，没有一个老师会允许孩子穿着太少的衣服到户外玩耍的。

在德国学校里或是暑期活动、校外教学，让我最放心的一点，就是他们非常注重孩子的安全，并且用和缓的、孩子可以接受的方式，去教导和规范他们的行为。家长可以安心地工作，也拥有自己的时间，而不像小K在国际学校时，我经常因为他的惹是生非或是受伤而伤透脑筋。

就这样一步一步，小K顺利地迈入了德国的幼儿园教育体系中。

小K妈的悄悄话：

- 德国幼儿园训练孩子们独立，并且能有效地遵循基本的规定，除此之外，基本上都是以玩乐为目的——小孩只要专心地“玩”就可以了。

德国教育的优势&领先地位

- 德国在科学技术的许多领域当中处于世界领先地位。
- 德国是一个博物馆文化高度发达的国家，拥有超过6000家博物馆。
- 在现代科学的各个领域，德国诞生过许多卓越贡献的科学家，包括：爱因斯坦、普朗克、海森堡、玻恩、伦琴、赫兹等。
- 至今德国科学家一共获得了超过60项诺贝尔物理、化学和生理医学奖。
- 德国还拥有许多发明家和工程师，如铅活字印刷术的发明者谷登堡、盖格尔计数器的发明者盖格尔。
- 德国哲学史上影响深远的人物有：尼古拉、莱布尼茨、康德、黑格尔、费尔巴哈、马克思、叔本华、尼采、胡塞尔和海德格尔。
- 德国知名的文学家有歌德、海涅，音乐家有贝多芬、门德尔松等。
- 思考：什么样的教育环境，能孕育出这么多优秀的人才，发展成这么精彩的国度？

USA

Chapter 2 没有边界的教室

兴趣和专业，是德国培养人才的重点，而不是要求每个人都要很会念书，或是认为念好书才是有出息。因此，以务实的专职教育、重视每个孩子的特质，让他们都可以找到适合自己的工作，是德国教育培养人才的重点和方式。

01 森林里的毕业典礼

这是我看过的、最有趣的毕业典礼了！仪式不是主角，孩子才是。孩子们带着大人们满满的祝福，快乐地迈向人生的另一段旅程。这样温馨动人的毕业典礼，我还是第一次见到。

“六月八号，你有空吗？如果有空的话，下午三点，请你和你的先生到这个地方。”幼儿园老师拿着一张纸条，写下地址、位置，用很慢的德文，仔仔细细告诉我，电车该怎么搭、路该怎么走。

“老师会带着所有的小朋友过去，家长只需自行前往即可。”“你可以带一盘点心或者其他吃的东西，每一位家长都会带一种食物到现场。”老师继续热心地跟我说。

“好、好。”因为听得半懂不懂，我胡乱回答着，心里还在想，这到底是做什么呢？暑假来临前还要搞一个这么大的聚会，难道是为了庆祝要放暑假了吗？德国幼儿园真是有趣。但管它是做什么，反正到时候，东西准备好，准时到就对了！

◎原来，这是幼儿园毕业典礼！

六月八日当天，我和小K爸拿着电车路线图和从网络上找到的地图，下了车还频频向人问路，仔细确认幼儿园老师所说的这个地方到底该怎么去。

原本以为是一个室内场地，但是我错了。当我们到达时，还以为自己听错了老师的话，结果发现这是一片蓊郁的小森林，蜿蜒的小径，连接着马路与森林的另一头。

森林里有一处可以野餐聚会的地方，阳光从树叶的细缝中洒落下来，还有供人休憩的小木屋、木制的桌椅、小孩的游乐设施，甚至还有户外石制的保龄球、小足球场、篮球场等，完全是个适合全家人活动的地方。

这时，我们听见森林的那一端，远远传来孩子们的嬉戏声。我们循着声音的方向，走到了森林的另一端，发现不但老师、孩子们早就到了，还有一些帮忙拿东西的家长们在小木屋旁忙碌着，都把自己所带来的“拿手好菜”，放在户外的桌子上。

孩子们在嬉戏、大人们聊天，我却是丈二和尚摸不着头脑，在心中狐疑着：这究竟是个什么主题的宴会呀？

喔！原来，这是幼儿园的毕业典礼！

德国的孩子，在满六岁的那一年九月要进入小学就读。在德国人眼中，进入小学阶段是所有基础教育的正式开始，对孩子们来说是一件大事。也因此，幼儿园的毕业典礼特别隆重，以示告别他们的童年时光。

幼儿园的毕业典礼很特殊、也很可爱。并不只是请孩子们展现才艺

▲ 这是一场在森林里的举行的幼儿园毕业典礼

▲ 每个小朋友都收到了一份毕业礼物

的成果，而是如同游园会一般，让孩子们玩得开心。孩子们也不必穿上华美、有拘束感的衣服，而是让他们在森林里自由呼吸、奔跑、享受阳光与游戏的时光，这是一个令大人和孩子们都难忘的毕业典礼，一个快乐的毕业典礼。

在德国，快乐与求知，我想是幼儿园给孩子们的最佳启蒙。

幼儿园阶段只是要让孩子适应团体生活，好为进入小学做准备。当孩子们准备好了，从幼儿园毕业，也意味着孩子长大了，已经可以进入小学接受正式的教育，即将学习识字，迈向人生的另一段旅程。

这时，每一个孩子都会收到老师送的一份礼物，一种用纸做成的长条锥状物，里面装有好吃的糖果和文具，作为孩子毕业的礼物，这是德国幼

▲ 老师带领孩子们一起做游戏

儿园的传统。

在毕业典礼现场，老师们带领孩子们唱歌跳舞，表演戏剧，家长们就是最好的观众。此外，老师们还为每个孩子整理出了一本厚厚的“幼儿园学习成果纪录”，并且写上每一个孩子的特质、老师们的评语，以及老师们所收集的孩子在幼儿园内生活的点滴。

根据之前家长们开会沟通的结果，除了主角孩子们，老师也会收到一份礼物。每个家长只需缴纳五欧元，由其中一位家长负责统筹，选购礼物送给老师。给老师的礼物是什么呢？让我惊讶的是，对德国人来说，形式不是最重要的，真诚地表达心意才重要。所选购的礼物很普通，一点也不贵重，是在德国拜访朋友时一般都会准备的——一大束鲜花和两瓶酒，用来感谢老师对孩子们的启蒙教导与照顾，感谢老师帮助孩子们顺利长大。

◎永远都难忘的回忆

毕业典礼的尾声，就是老师与家长们之间的聚餐互动时间。

不知何时，户外已架好的烤肉架上，开始烤香肠和面包——这是德国人夏季里最喜爱的活动，加上家长们提供的各种私房点心、水果、饮料、蛋糕，大家一边享用着丰盛的餐点，一边交换着彼此带孩子的心得、小学要念哪一所等。

这真是我看见过的最有趣的毕业典礼了！很难想象平日里一板一眼的老师和园长，竟可以把一个小小的幼儿园毕业典礼，办得如此温馨而且令人感动。

在我遥远的记忆里，我的幼儿园毕业典礼是在学校的礼堂举行的，每个小朋友都必须上台表演，类似走过场一般。虽然，近年来台湾的许多私立幼儿园，也在花不同的心思举办毕业典礼，比如：在五星级饭店中租下一个礼堂，举办如婚礼般隆重的毕业典礼。在苏格兰时，小K的毕业典礼，是在幼儿园的小小后花园里举行的。然而德国幼儿园的毕业典礼，可以在这样一个森林里举行，而且仪式不是主角，孩子才是。孩子们带着大人们满满的祝福，快乐地迈向人生的另一段旅程，这样温馨感人的场面，我还是第一次见到。

我们和小K回家的时候已是夏日的黄昏，回去的路上我心里一直在想：这样的记忆，无论是对孩子还是家长，真的都永远难忘。

小K妈的悄悄话：

◆孩子的快乐童年，不见得需要很多金钱堆积，重要的是孩子拥有一份美好记忆，而且是值得他们终生回味的情节。

02　进入小学前都会收到的红单

德国的社会福利相当好，在教育方面，也能从特殊学校的设立看得出来，任何有困难的孩子，只要愿意都可以得到适当的帮助，而且——国家埋单！

和英国五岁入小学不同，德国的小孩，在满六周岁之后才可以进入小学就读。所谓“可以”入学就读，就是必须经过老师和医生的评估，认为孩子的心智年龄和身体、语言等各方面都已经“准备好”入学了，而还没“准备好”的孩子，可以晚一年，等心智更成熟一些再入小学。父母可以自己决定孩子六岁或七岁入学，也可以和老师讨论与评估后决定。

◎入学通知单

在德国，孩子入小学前一年的年底之前，就会收到一张通知入学的单子，以方便家长准备和决定孩子的入学事宜。

就在我们决定将小K转入德国幼儿园的前夕，也收到了由德累斯顿教育局寄来的一张红色单子，也就是小K的入学通知。单子上附有四所我们住家附近小学的相关信息，以供选择，在一定的期限之内，必须到自己所选定的学校去报到，并告知学校孩子将在下个学年进入学校就读。若是学校新生名额已满，就必须重新选择。若未按期报到，将会受到政府的罚款处理，计一千两百多欧元（编者注：合人民币一万一千多元），因为，每个孩子都有入学受教育的义务和权利。

我承认，在接到这张通知单的时候很茫然，我的德文程度尚未到可以沟通的程度，小K的德文也算是刚开始，我们真的要放弃说英文的国际学校，而转到一般的德语学校吗？正在茫然之际，很幸运地认识了一位在德累斯顿教育单位工作的朋友，她告诉我们，德国小学没有所谓明星小学和一般小学之分，每个学校都差不多，水平平均，所以若无特殊需求，选择离家最近的就可以了。

于是我选了一所离家最近的，据说这是一所对学生课业和行为要求较严谨的小学。

◎德国的特殊学校

在德国所谓的特殊教育，是一种提供特殊项目给学习上有障碍、需要得到更多帮助的孩子。例如：孩子有学习障碍、情绪障碍、语言障碍，或母语非德语的孩子必须先进语言学校念德文，通过德语程度测验之后才能入普通德国小学，等等。

而让孩子进这样的特殊学校，必须经过医生的评估，取得医生证明，认为确实有如此需求才能入学。因为这样的特殊学校，是让一些孩子可以更快步入正轨学习的特殊渠道。而上特殊学校需要额外支付的学费、车资，几乎都是由政府支付或补助，为期两三年不等，直到孩子可以跟上正常的学习。

小K班上有个留级的孩子，在三年级念完后就转入这样的特殊学校就读，因为他已经十一岁，却仍然在学习九岁的教学内容，因为他的学习速度缓慢，总是跟不上同学的脚步，而一直留级重读，对他而言也不是最好的方式，因此被建议到特殊学校就读，对他会比较有帮助。

小K班上还有另一位说话口吃、经常无法顺畅表达自己意见的同学，也进入了类似这样的特殊训练学校。还有一个小女生，完全无法控制自己的脾气，严重影响到她的课业学习以及与同学之间的人际关系，因此也被建议转入特殊学校，并降级就读，后来真的也渐渐步入正轨，不但学习有所进步，也知道如何与同学相处了。

特殊学校的老师，必须付出更多的耐心、拥有更多的专业辅导技能，才能对这些孩子真正地有所帮助。

在台湾，我相信也有很多出现类似问题的孩子，但是大多时候他们没办法得到适当的帮助和引导，而经常因为学习缓慢，遭到同学的嘲笑，来自师长或父母的压力，反而让他们与正轨的学习步调渐行渐远。

在台湾，很多人习惯以成绩衡量孩子的学习，学习慢的孩子，有时候不但没得到应有的帮助，反而感受到更多的压力，当然也就越学越差，甚至有的人根本放弃自己。这些孩子也许并不是笨，而是需要得到额外的帮助，或特殊的教育及对待方法。他们需要专业且有耐心和爱心的老师，以及不放弃的家长，去引导他们学习和成长。

德国的社会福利做得相当好，在教育方面，也能从这种特殊学校的设立看得出来，任何有困难的孩子，只要愿意都可以得到适当的帮助，而且——国家埋单！

虽然德国不像芬兰有“不让任何一个孩子落后”这样完善到令人称羡的教育制度，但是除了一般的小学，德国孩子仍然有许多不同的选择。比如说，家长也可以选择让自己的孩子进入森林小学或是讲英语的国际学校。位在德累斯顿的那所唯一的国际学校，我们已经尝试过，不但费用高，教学的英文程度也不是太好，德文所教的内容又不及一般的德国小学，离我们居所又远，因此，在替小K选校时已被排除在外。但是有很多的德国人，却很乐意花大把的银子让孩子到这种类似森林小学或是以英语教学为主的学校就学。

由于当时小K的德文不好，怕他转出国际学校一时会难以适应，因此我们认认真真地考虑过另一种选择，也就是德国的森林小学——华德福（Waldorf）。我们为此还参加了森林小学的说明会。

◎华德福（Waldorf）在德国接受度并不高

森林小学——华德福（Waldorf）的说明会，出乎我的意料，竟然人山人海。幸好我们请了小K爸的同事当翻译，否则依当时我们的德文程度，大概一句也听不懂。只是我没料想到，还是有很多德国家长愿意来听听看这是什么样的学校呢！不过后来发现，来听说明会的人虽然多，但是真的把自己孩子送入这所学校的，倒是不怎么多，也许大多数的德国人，还是认为一般的德国小学比较好，或者根本不需要多花钱把孩子送进这里就读吧。

森林小学在德国，算是属于体制外的一种学校，从小学到中学毕业，为期十三年的时间。在这所学校中，没有升学的压力，而是让孩子自在地徜徉于艺术、工艺和语言等各种不同的学科中学习。对课业的要求也不高，强调孩子们可以用更多的时间去探索自己的潜能和发展兴趣。学费虽然不是很昂贵，每个月需一百五十至两百欧元，但与一般不需要付费的德国小学相比，对一般家庭来说，的确可能会造成不小的负担，因此这种森林小学对于一般的德国家长来说，接受度并不高。

当初我们之所以对这样的学校进行了解，的确是因为有把小K送进这种学校就读的想法，但是想到后续的升学可能出现的种种问题，也参考了多位德国友人的意见之后，我们最后还是为小K选择了普通的德国小学。

仔细想想，小K若是进了森林小学，将来若要回复到正轨的教育体系，需要付出更加倍的努力，也就是说，必须通过一连串的测试、考试、鉴定，看看是否符合资格，才能重新走上正轨的学校就读。

所以，为什么要给孩子和自己找这么多麻烦呢？而且年级越高，回到正规学校体系会越困难。所以一般进入森林小学的学生，会一路念到中学毕业，然后再考高中会考（Abitur），通过之后再以会考成绩申请大学或职业学校。经过了一番比较和折腾，我们决定还是让小K进入离家最近的普

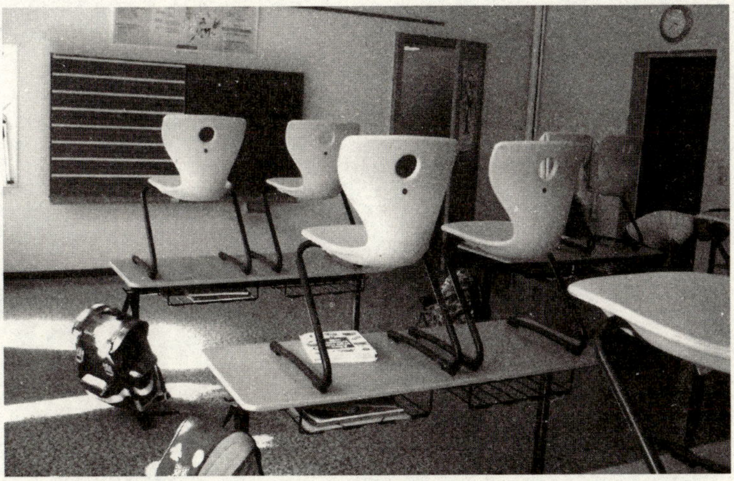

通德国小学Grudeschule 50。

◎德国小学生入学前的健康检查

接到入学通知的一个多月之后，学校来函要求小K到学校做入学前的健康检查。这个健康检查是入学半年内的例行公事，除了身高、体重及四肢的检测，还有视力、听力的检查，另外还有简单的智力测验。当时小K刚进德语幼儿园，还不会说德文，只好由我这个在台湾上过一年德文课，也还处于半文盲状态的妈妈当“翻译”。

在检测语言这个项目的时候，医生要求我告诉小K：“请他跟着我一起发音，要完完全全地复制我的声音。”

接着医生发出了一些卷舌音、喉音……请小K“复制”一次。这些声音从各个部位发出来，并没有特殊意义。让我很惊讶的是，小K居然可以完全比照医生的发音，发出所有的声音，因为我知道自己并没有办法完全模仿医生这样的发音，这的确是有些难度的。

试了几次之后，医生点点头并告诉我，小K在入学和语言方面，应该没有任何问题，只是需要一点时间。最后，医生在语言一栏上加了一行注记：不会说德文，但是发音没有问题，再经过半年幼儿园训练，可以入学。

我觉得德国医生十分神奇与专业，仅凭发出一些声音，就可以评断小K是否可以学好德文，也没有要求他先进入训练语言的外国移民学校，就直接准许他入小学。也许这便是所谓的术业有专攻吧！

经过学校医生的评估之后，小K虽然德文不好（其实根本不太会），却可算是已经“准备好”的小孩。于是二〇〇七年的九月份，我们家的小K，就正式上了德国小学的一年级，也是体验德国小学教育的开始。后来事实证明医生的确是对的，在往后的一年中，小K的德文进步神速，到了一年级下学期就完全没问题了。

小K妈的悄悄话：

◆为孩子找到一所合适的学校，就像为他们找到一双合适的鞋子一样重要，不合适的鞋子影响孩子的生长发育。同时，让孩子感到不自在的学校，更影响着孩子身心的发育。

03　小学一年级的成绩单上竟然没有分数

在德国小学的第一年，成绩单上是没有分数的。一年级新生，才刚刚开始步入识字的阶段，因此他们认为最重要的不是成绩，而是教导孩子如何学习、能够独立完成自己分内的事，更重要的是，致力于培养孩子们自动学习的好习惯。愿意自动自发去学习的孩子，又怎会得到一张不堪入目的成绩单呢？

小学一年级入学，是德国孩子生命中一件重要的大事，受到大家的重视。

每年的八九月份，从幼儿园毕业即将进入小学的孩子的父母也会跟着忙碌起来。入小学，便是正式接受教育的开始，与学龄前的幼儿园生活是大不相同的，这是孩子成长到另一个阶段的开端。德国的父母会帮孩子准备各式的文具，其中在德国传统中最特殊、也最让孩子期待的，就是每一个孩子，都会得到一个巨大的Zuckertüte[①]。（在幼儿园毕业典礼中得到的礼物，也叫Zuckertüte，但那是幼儿园老师给的，而在小学入学当天的巨大Zuckertüte，则必须由父母为孩子准备。有的是爷爷奶奶或亲戚朋友，知道家中有即将入小学的孩子，也会以此当作鼓励的礼物。）

◎德国小学的开学典礼

得到Zuckertüte，是德国小孩入学的一项传统。不是在德国长大的人，绝对不知道这是什么东西，就像我们刚开始一样。当老师和德国友人告诉我们，要为小孩子准备Zuckertüte时，我们根本不知道该怎么做。打听之下才终于了解，必须先到各大书店或卖场，去买一个长约一米的锥柱状盒子（从前这都是德国妈妈们自己亲手做的），里面装入给孩子的各式文具、服装、足球、足球服、糖果等小礼物，贴上名字，开学的那一天一早，集中放在学校里，开学典礼完毕之后，由校长一一将这些Zuckertüte送给每一位新生。由于德国的小学只有四个年级，每一个年级只有两到三个班，每班二十人左右，因此校长可以有机会欢迎每一位新生。

这是一种进入小学的隆重仪式，充满童趣也充满象征意义，每个德

---

① 在上小学时拿到的Zuckertüte，正式名称为Schulletüte，由于通常里头会装有很多糖果，所以又被称为Zuckertüte（Zucker是“糖”的意思），这是德国入小学的传统之一。爷爷奶奶和爸爸妈妈，会送上这个锥状的巨大袋子，里头装的是给孩子的入学礼物，可以是任何想要送孩子的东西。一般家长们会在这个巨大的袋子里，放入孩子所喜欢的糖果、衣服、鞋子、文具、书籍、玩具等，事先不让孩子看到里面的东西，等到开学的那一天，孩子看到自己得到的礼物，更有惊喜的感觉。有些孩子喜爱足球，爸爸妈妈还会送给他一个足球呢！德国人这样的用意，大概是想让孩子期待上学与体验成长的喜悦吧！

▲ 开学礼物Zuckertüte

国人都能清清楚楚地记住自己入学的这一刻，是人生中第一个重要的转折点。

开学仪式的那一天，要穿得正式以表示重视，并背上大书包到学校参加开学典礼。爸爸妈妈，甚至连爷爷奶奶都会盛装出席，参加孩子的入学仪式。校长在典礼上会致辞，接着由三年级的小学长、学姐们，通过表演的方式，告诉即将入学的新生们，在这四年的小学时光里，所需要学习的知识、规范等。他们表演得十分逗趣精彩，充满童趣，新生们更是开心地哈哈大笑，全然忘记了即将入学得面对新环境的不安。

校长在典礼的最后，介绍了新生班级的导师和辅导老师，然后一一和新生握手，说几句话，并献上鲜花以示欢迎——每个孩子在迈入他们的小学生活前，都会受到高规格的欢迎与重视。

入学典礼在家长和老师的道贺声与拍照留念中结束。我想，经过了这一天，每个孩子都将更有自信去面对接下来的学习旅程。

◎德国的小学生是不穿校服的

记得我们居住在苏格兰时，小K入学后，便开始穿着校服。英国学校的校服、运动服，由每个学校自己设计，因此五花八门，什么样好看的校服都有，尤其经过设计的校服，佐以学校徽章，穿起来很有特色。英国人觉得校服很能显示出孩子充满朝气，因此规定孩子上学必须穿校服。

▲ 在开学典礼上，校长跟小K握手

▲ 开学典礼后，大家在阶梯上合影，手里拿的便是Zuckertüte

在孩子们入小学一年级之前，老师会为家长列出所有清单，要求家长必须帮孩子准备好入学后穿的西装外套、冬季、夏季的学生校服、运动服、皮鞋、运动鞋、甚至书包、运动包……势必要花掉一笔不小的费用。

而在德国，小学生穿校服吗？答案是，Nein（不），德国的小学生是不穿校服的。

在德国小学一年级之后就免学费，因此任何多余的费用支出，对德国父母亲来说，都是额外的花费。而且孩子长得很快，如果穿校服，每年都要多出一笔开销，而对务实且节省、又爱休闲的德国人来说，这些额外的支出，他们宁可省下来，带孩子去度假。所以德国的孩子是不需要穿校服上学的，孩子可以穿自己喜欢、舒适的衣服到学校。

但是德国人对于鞋子，倒是比服装要求严格得多。以小K的学校来说，由于学校的规模不大，孩子们到了室内是要换穿拖鞋（Haus Schue）的，以避免下雨、下雪天时，把脏的泥土、枯叶等带进室内。因此孩子们每天到学校的第一件事，就是换下室外鞋，挂好外套，再进教室；等到下了课，要到外面玩耍时，再把鞋换上。

另外，上体育课时，要特别准备一双干净的白布鞋，因为大部分体育课，是在体育馆（Sport Halle）里上的，干净的白布鞋，可以保持体育馆的地板整洁且有助于体育馆使用得更久。也许你会觉得，这样脱脱穿穿不是很麻烦吗？浪费时间在这些无谓的地方做什么？但是德国人却很认真地要求孩子，并且认为这些生活习惯的养成十分重要。

所以，从这些小地方来看，就可以知道，德国人、英国人的想法和要求是不太相同的，在乎的重点也不一样，德国人更注重孩子的生活习惯养成及环境整洁的重要。

所谓入乡随俗，小K就在这样不同的欧洲文化熏陶下成长。我不知道究竟是穿制服好还是不穿制服好，但我认为穿着整齐、清洁、舒适，不管是不是制服，都是对自己也是对别人的尊重。

◎一加一大于二的家长之夜（Elten Abend）

开学之后，家长会收到来自学校的许多通知单，像是：你的孩子可以接受学校拍照吗？学校可以将你孩子的照片放在学校的网站上吗？你的孩子经过完整的预防针注射吗？（他们特别注重孩子有没有打破伤风的预防针，因为孩子容易在户外玩耍时跌倒受伤，因此打破伤风预防针，被视为格外重要的事。）你的孩子对什么样的食物或是东西过敏吗？等等。

开始上课之后没几天，我就在家庭联络簿当中看到了一张通知单，上面写着：

Elten Abend：

×月×日晚上七点，Room17欢迎家长出席，共同讨论和了解孩子们这一年的学习状况。……

请注明是否参加，并在周五前交回回复单。……

▼ 刚入学时小K还听不太懂台上在说什么

家长之夜（Elten Abend），一般会在每个班级的教室举行，班导和Hort（课后生活辅导）的老师都会参加。家长们必须坐在自己孩子平时坐的位置上，聆听老师的报告，仿佛把自己缩小回到小学的时光，那种感觉真的很特殊。但是说实话，各方面都感觉很陌生，包括语言在内，都不是我熟悉的方式。这是另一个国度的小学呀！而时光飞逝，我竟已经是一个小学生的妈妈了！

▲ 教室一隅

准时的德国人都到齐了，排排坐好之后，家长之夜七点整准时开始。

首先由班导老师自我介绍，并介绍这一学期的所有课程规划，孩子们要学习哪些知识范畴，各学科都会说明。此外，还说明学期中将会有哪些重要的活动（有些是户外教学，有些是特殊计划：如“中古世纪周”等），哪些需要家长参与配合，很详细地解说每一科目的学习和教学方法，父母亲需要在家里给予孩子哪些帮助……

班导老师介绍完毕之后，接着就由Hort（课后生活辅导）的老师介绍他们会在学校给予孩子生活上和课堂之外的那些帮助。每天的家庭作业，必须尽量在学校完成，有不会的，Hort老师会加以指导，并且Hort老师还会与班导老师密切合作，导正孩子不当的行为等。此外Hort老师每学期都会带孩子到森林里健行，锻炼体力。

最后，家长可以提出意见或更好的想法进行交流，孩子在学校的衣、食、住、行、育、乐都可以提出讨论。

虽然一开始参加家长之夜，对我来说是很吃力的，但我认为这是家长和学校老师之间一个很好的沟通机会。通过老师在学校的观察及与家长的互动，家长和老师之间紧密地联系，了解每个孩子的发展，对孩子的行为导正和课业学习，是非常有帮助和必要的。这是学校与老师用心、家长也愿意与老师沟通的一种良好表现。甚至在学期中，班导老师还会另外再举办一次家长之夜，地点是在外面的餐厅，讨论自己班上孩子近期的行为和课业问题。

◎小学一年级的成绩单只是一份学习状况评估

在德国小学的第一年，成绩单上是没有分数的。一年级新生，才刚刚开始步入识字的阶段，因此他们认为最重要的不是成绩，而是教导孩子如何学习、能够独立完成自己分内之事，例如系鞋带、更衣、换鞋、整理自己的书包文具等基本生活习惯的养成，以及融入团体生活。

成绩单，在台湾经常是亲子大战的导火线。父母亲因为孩子成绩考不好而打骂小孩的事件层出不穷，大家早已习以为常；或是孩子考不好怕被骂而谎报成绩等。在德国，我印象中从没发生过这样的事，虽然我也听过隔壁邻居在家大声骂小孩的声音，但是从来不会是为了成绩。

成绩单是给孩子和家长的参考，用来检视这一学期的学习成果，德国的老师如此认为。

因此，考试考的都是最重要、每个人都必须会的东西，从来不会为了要难倒学生而出一些稀奇古怪的题目。考不好，就表示对于上课时学习的内容没有吸收，老师便会告诉学生：“Du muss mehr ü ben. ”也就是“你要多练习”的意思。

父母亲也不会因为孩子成绩不好而否定他的其他强项。所以在小学的第一年，老师只会发一份学习状况评估（可以说是没有分数的成绩单），给的不是等级如写上A、B、C……的成绩单[①]，而是老师对于孩子每一科目的学习状况和孩子在校整体表现的观察，他们鼓励孩子自发性的学习，要求孩子守规范，也鼓励发问。因为他们相信，一个愿意自发学习的孩

① 德国学校给分的方式不是以A、B、C、D为等级，而是有1~6个级别。成绩1和2，是表现很好：3、4，则表现平平，而若是成绩5或6，就表是学习成绩很差，老师会建议是否需要留级重读或是特别加强。在同是德语系的国家奥地利是采用德国学校的记分系统，小学也是四年制，而另一个德语系为主的国家——瑞士，则与德国相反，1和2的成绩最差，5和6的成绩是最好，小学则是六年制。

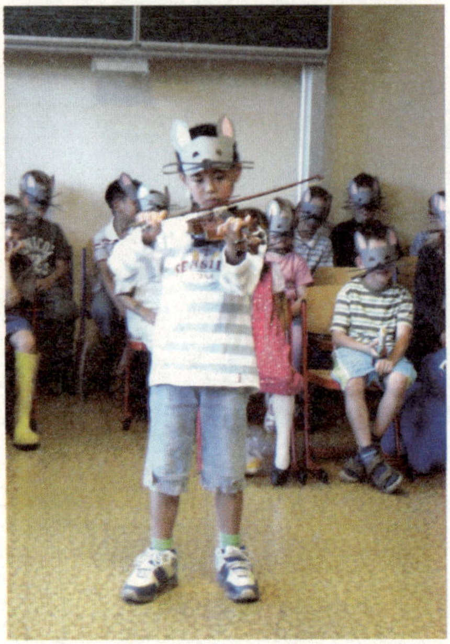

▲ 小K的个人才艺表演——小提琴 ▼

子，成绩自然不会太差。

除了一年级不给分数，在每个学期结束前的一个星期左右，每个班级会召开一个小小的期末成果发布会，家长是孩子们成果发布会的座上宾。一个小时的时光里，先由班导老师报告这一学期的学习内容与孩子们的学习成果，接着就把时间交给孩子们"表演"他们的学习成果，有团队合作的诗歌表演，也有每个人不同的才艺表演等。对孩子们来讲，这可以说是"成绩"的另一种展现，融合了表演和学习。

其实如果父母在孩子的成长过程中，协助孩子建立对学习的自信，掌握他们所需的技能，孩子就能将他们的课业选择与课业成绩，转化为一个能令他们快乐的职业生涯。考试导向的方式也许有他的效果存在，但不考试就不念书的习惯一旦养成，学习就会变成一件很痛苦的事了。

小K在德国小学这样的教育观念之下学习，渐渐养成了独立思考且自发性联想的学习习惯，成绩自然也不会太差。

记得有一次，小K在一篇科学小短文里看到一个地名，玩耍的时候，他就自己到世界地图上找出了这个地方，还兴致勃勃地叙述了那个小故事给我听，让我觉得很惊讶。自动学习比成绩单上的成绩是不是名列前茅，真的重要许多。愿意自动自发去学习的孩子，又怎会得到一张不堪入目的成绩单呢?

所有的知识都是一点一滴累积起来的，若是孩子有慢慢的进步，就是可喜的。因此德国小学从一年级开始，就致力于培养孩子们自动学习的好习惯。这也是未来孩子学习的重要基础。

小K妈的悄悄话：

- 从上一年级的这一天开始，孩子必须自己穿衣服、自己系鞋带、自己戴帽子……这些事不能再由父母代劳，小时候父母帮孩子做得越多，就表示将来孩子越无能、越无法独立自主。在德国，不会自理这些自身琐事的孩子，会被视为尚未“准备好”上一年级，必须再多等一年，等他们成熟到可以独立做这些事了，才可以进小学就读。
- 尊重孩子、视他们为独立的个体，帮助孩子们迎向自己的道路，是德国父母亲和学校的最大目标。

04 不管成绩是不是第一名，每个人都需要生活能力

小K在德国的时候，就已经可以说出我们常吃、只有欧洲出产、连我也不太知道的蔬菜名称，甚至只要给他清单，他就可以上超市帮我买菜，比小K爸买的还正确！这就是生活。不管书念得好不好，成绩是不是第一名，每个人都需要生活能力，这便是生活教育最为重要的地方。

春天来临，冬天的积雪融化了，好不容易可以不用再踏着厚厚的积雪走路上学，我与小K间的对话，似乎也因为天气的转暖，随着“春天”的话题聊了起来。

“春天来了耶，你听，小鸟已经在树上叫了。”陪小K上学的途中，我随口对小K这么说。

“冬天也有鸟叫啊，但是春天的鸟叫得比较大声。”小K边走边回

答着。

“？……”我一头雾水，问道：“春天的鸟叫得比较大声？你是怎么知道的？”

“老师说的啊。”小K煞有其事地开始解释：“因为春天来了，鸟要叫大声一点，告诉大家春天来了。”

哈哈，没想到，德国的生活教育教得这么仔细。在四季如春的台湾长大，我真的不知道春天的鸟儿与冬天的鸟儿有什么差别，如此说来，连叫声都有差别呀！

欧洲因为四季变化明显，因此每一个季节都有每一个季节的乐趣。春天找寻鸟类、认识鸟类；夏天在学校里冲凉、玩水，秋天找落叶，认识树木；冬天出去看雪、玩雪……

再想想我们的孩子，是不是总在努力背诵着许许多多所谓的知识，却通常对身边的生活与环境一无所知？

我经过仔细观察发现，德国小学教的不只是识字、不只是知识，相反的，他们认为最重要的是得教会孩子怎么“生活”。

◎别说生活有什么好教的，其实生活学问可大了

小学毕业之前，会简单的烹饪吗？知道四季成熟的果实是什么吗？知道哪些野生的果实是不能吃的吗？知道哪些是你所居住的城市或地方特有且珍贵的鸟类吗？即使念到了大学毕业，恐怕大多数的学生对这些问题还是不怎么清楚。

▼ 到超市买菜是必备的生活训练

▲ 烘培课上做点心 ▼

在德国，这些就是老师在小学的课堂上、生活上所教授的“课程”。孩子从课程中学习食物是怎样来的，要如何珍惜食物；四季变换要如何穿衣；所居住的房子是用什么材料建筑的、古代的房子和现代的房子有什么不同；不论骑车或走路都要遵守交通规则……这些不就是所谓的生活课程吗？而正是从这些看似平凡的生活课程中，孩子也同时学习到与自己息息相关的有趣的历史、文化、自然等知识。

在德国小学的教学课程中，有一门课叫作“Sachunterricht”（生活常识课程），在这门课程中，老师用既有趣又富生活化的方式，引导孩子学习社会、自然等学习项目。孩子们不但学到了知识，德文的单词量也同时在累积。

例如有一回，老师请孩子带用麦子做成的食品到学校。在德国，面包是主食之一，许多面包是用麦子制成的，老师会告诉孩子麦子长什么样子、麦子的生长情形、吃麦子做成的食物有什么好处。

▲ 在生活课上，辨认麦子制成的食物都有哪些

更有趣的是，这一门课还告诉你所有家畜的怀孕期究竟有多长，一只小乳牛从乳牛妈妈怀孕到分娩需要几周；小鸡几周会孵化出壳……这些似乎是我们做父母亲的，也都不知道的问题呀！这门课为孩子们开了一扇有趣的知识之门，对这些生物有兴趣的孩子，就会试着去找更多的书来阅读，以获得更深入的知识。

◎这样的生活教育，不只是在小学才开始

有一次因为出门办事，我正巧经过小K就读的幼儿园，看到老师带着

孩子们出来户外活动，到附近的公园玩耍。老师边走边给孩子们一一介绍路边的植物和风光。偶尔有一只小刺猬，从他们面前摇摇晃晃而过，老师还会让孩子们停下来观察，并且让小刺猬先过呢！在经过一棵果子长得像蔓越莓的小树前，老师停下来告诉大家："这种果子是不能吃的。"并仔细地告诉孩子们怎样分辨可食用与不可食用的类似植物。

你说，才幼儿园的孩子，会懂这些吗？其实，有时候我们低估了孩子的理解能力以及老师这样的生活教育方式。我发现大部分的德国孩子在潜移默化中，真的认识他们居住环境附近的植物，并且能分辨它们是否有害呢！

也就是说这样的生活教育，不只是在小学才开始。实际上德国幼儿园的老师早已开始启蒙，让孩子们认识环境、学会保护自己、也尊重并保护自己所居住的环境。

从以上这些方面我们可以看到：德国的幼儿园老师、小学老师，除了是孩子们的知识传授者，也是孩子们生活上的启蒙导师。

◎小 K 着实给我上了一课

还记得有一年秋天，老师要孩子们带秋天的果实到学校，所以那个周末，我们几乎都在森林里捡栗子。有趣的是，捡了一大堆的栗子，我还兴致勃勃地想把它们做成糖炒栗子呢！结果小K却告诉我："这种栗子不能吃啦！"让我空欢喜一场。原来，栗子还分能吃和不能吃的呀！

有时小K还会告诉我，要如何对待野生的小动物。小K说："冬天的时候如果你在路上遇到一只Iger（刺猬），你可以先用水果和树叶喂它，然后把它放在有食物的树丛或树洞里，这样它才可以过冬，不然在冬天里没东西吃，它是会饿死的喔！”我才知道，原来这种小刺猬是吃叶子和掉落的果实呀！

小K还说：“妈妈，冬天来临的时候，一定要在我们家花园的树上放一个小房子，里面放一些鸟食。”“为什么要这样做呢？”

“因为老师告诉我们，冬天里有一些小鸟找不到食物，会饿死，所以我们要帮它们准备一些食物。”原来如此。难怪在冬天来临前，超市里会放着一堆一堆的鸟食贩售给顾客，原来是要帮助小鸟儿度过严寒的冬天呀！感慨我曾念到大学毕业，也不知道还有这些爱护小动物的常识呀！小K着实给我上了一课！

◎每个人都需要生活能力

瑞士权威教育学家皮亚杰（Jean Piaget）说：“人从玩乐中学习思考与探索。”

相比较德国小学这样的生活教育，我就在想，从小到大，我连蔬菜长什么样子，也是到结婚之后，因为要经常做饭、到市场买菜，才渐渐了解的。但是小K已经可以说出我们常吃、只有欧洲出产、连我也不太知道的蔬菜名称了，甚至，只要给他清单，他就可以去超市帮我把清单上的菜买回来，甚至比他爸买的还正确！

这就是生活。不管书念得好不好，成绩是不是第一名，每个人都需要生活能力，这便是生活教育最为重要的地方。

所以德国的孩子，男生也需要学煮饭。德国生活费颇高，天天在外面吃饭大多数人很难负担得起，因此人人会烹饪是件重要的事。虽然如今德国超市里已有许多现成食物提供给消费者，但是学烹饪这件事还是相当被鼓励的。

在一般小学里，从二年级开始，就有课后的烹饪课，供孩子选修参与。小K二年级时就参加了烹饪课，在盛产草莓的春天里，烹饪老师教他们做草莓奶昔、草莓果酱；秋天果子成熟时，教他们做杏桃蛋糕，也教他们如何煮出好喝又健康的茶。不但学习烹饪，孩子们还学会选择当季的食材，既有趣又富有知识性。

想到台湾，多半的孩子知识丰富，但生活常识却明显不足。其实，除了知识的学习，生活教育也是很重要的。本末倒置的教学方式，并不值得鼓励。如果可以让我们的孩子在课堂上既能体验生活周遭的事物，又可以有知识上的获得，这样不是很好吗？

小K妈的悄悄话：

- ◆教育家杜威所说的“生活即教育”一直是教育的最高理想，而我发现，在德国教育中，“生活即教育”被真正地落实。

05 “玩”就是德国小学生的主修

德国的小学课程看起来虽然内容丰富，但并不强求孩子死记硬背。每个孩子学习的快慢不同，但是课程内容生活化，教学设计有趣又不失教育性，因此大多数的孩子都能快乐地成长，不会因为课业问题需要额外补习或是为功课烦恼，“玩”就是德国小学生的主修，他们从中学习到更多。

德国小学教育中有许多课程，不但使人好奇，其内涵也非常值得思考与应用，其生活化的程度，更是让我感到惊讶。

◎小学里的品格教育课——宗教与伦理（Religion）

在小K入学前夕，我在学校的办公室里，填着一张又一张“天书”般的入学资料，但其中有一项我却迟迟没有填，因为我不懂那是什么。后来

▲ 小K小学的教科书，按四季编排

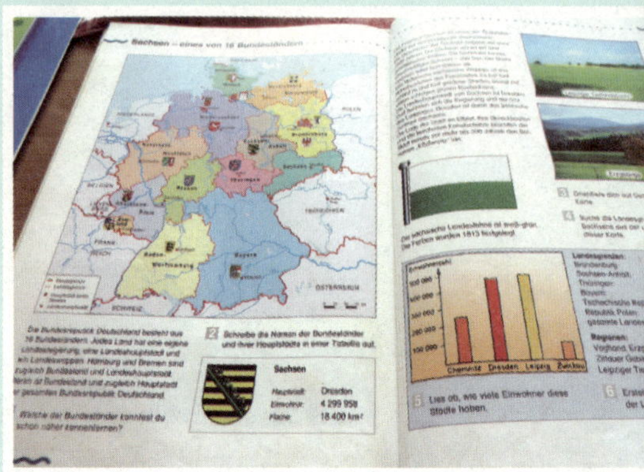

▲ 认识自己的国家和世界

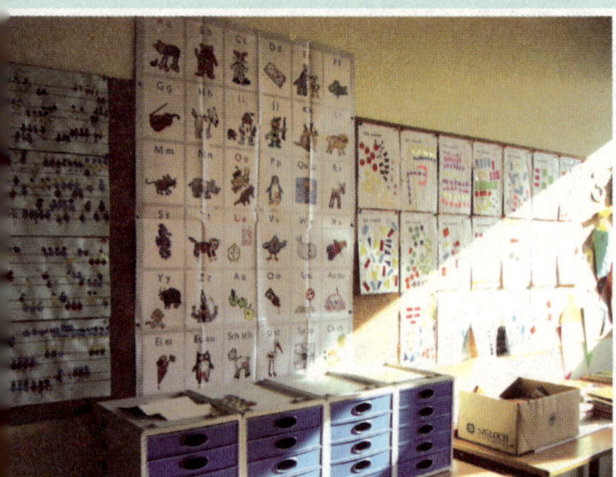

▲ 小学教室内的教学布置

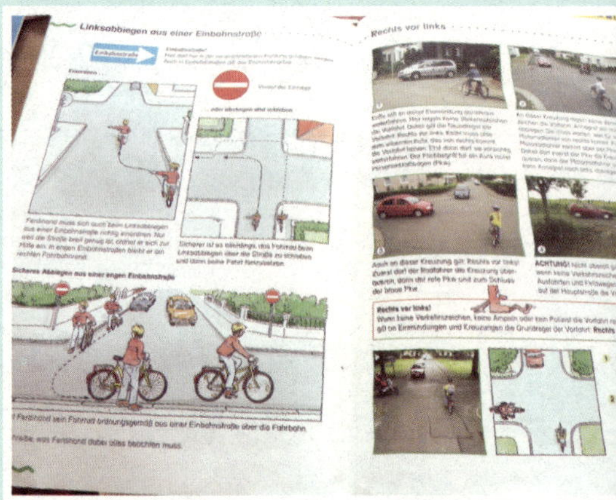

▲ 生活教科书交通安全知识

经过老师说明，才知道是要填入孩子的宗教信仰。

宗教信仰与孩子上学有什么关系呢？原来，德国的小学每周有两堂课，称为“宗教与伦理课程”，如果是信仰天主教、基督教的家庭，可以选择宗教课程，若是其他信仰或是没有特殊信仰的孩子，就上伦理课程。学校要求家长自己填写，并为孩子选择其中一项课程上。由于小K在懂事以后所接触到的文化大多是西方文化，而在西方社会与文化中宗教是很重要的部分，于是我帮他选了宗教课程。

因此一开始的时候，我并不知道这门课程的重要性和意义。但是在小K上了三年的宗教课后，我发现这对促进孩子的正面思考和相信美好事物的信念，有很大的帮助。在这一门课程当中，老师用图画、诗歌、歌唱以及讲故事的方式，讲述圣经故事，小K从故事中学习到了很多典故（例如圣诞节的由来），也懂得了老师从故事中延伸出来的一些处世道理。

不是信奉基督教或天主教的孩子，在每周两个小时的伦理课程中，上课的方式和宗教课大同小异，只是不以“圣经”作为基本教材，实际上这就是德国小学的品格教育课。这样的品格教育课很不错，从有趣的课程和游戏中，教导孩子一些严肃的道理，无形之中孩子也比较容易接受。

◎按季节内容编排的母语课——德文（Deutsch）

德国人重视母语，认为语言是表达与沟通的重要一环，能正确运用自己的语言表达思想，被视为一件相当重要的事。因此德语课程在德国教育中是第一重要的课程，就连外国移民的孩子要进入小学就读，德文也是第一要求，若是不能正确地听、说，是无法进入一般德语小学的，需要先到德国的特殊学校加强德文，通过德语程度测试之后，才能进入德国小学。

小学开始，每周就有六至七堂的德语课程，除了正式的课程，每天还有习作时间，在这个时间里，孩子必须在课堂上练习写字，甚至从小学开始他们就练习使用钢笔、学着写书写体。

我也慢慢发现，德国学校在课程的安排上，很简单并且有趣。他们比较强调孩子能够生活化地学习，因此教科书的编排和选择也都尽量有趣、并且贴近真实生活。比如说他们最重要的课程——德文，除了一年级识字、练习造句的初级版本，每一年级的课程都是按照季节来编排的，依照秋天、冬天、春天、夏天的时序编排，每升高一个年级，便再学得更深入，用四季当主题，把所有该知道的词汇和知识一一融入。这样的教科书编排，真的好有趣！所以小K很喜欢上学。例如：秋天是一学年的开始，这时候大自然会有什么变化，人们要依照四季来做些什么事，都能从课本中学习到，这让我想起从前农民依照春夏秋冬调整作息的观念。

◎一切学科的基础——数学（Mathematik，或简称 Math）

德国是个科学与工业发达的国家，因此视数学为一切学科的基础。数学也是最重要主科之一，将来小K是否能够进入好的中学就读，德文和数学这两个科目，占有百分之九十的决定性。所以在小学阶段，亦相当重视数学的教学。

数学课与德文课的比重相当，每周也有六至七堂课，老师的教学方式虽然简单、缓慢，但是不会要求学生演算的速度，并且借用各种教具和游戏方法，激发孩子学习的动力。通常数学能力好的德国孩子，虽然演算不如亚洲孩子来得迅速、准确，然而其逻辑思考能力，却往往可能胜过亚洲的孩子。

◎课堂内容相当丰富——生活常识课程（Sacheunterricht）

这是一门融合了生活、历史、科学、自然等知识的科目，教导孩子们从生活周遭的事物开始探索，认识各种知识的原理并了解历史。例如：教孩子辨认各种植物的生态、动物的习性，并且经常带孩子到森林里观察小动物、认识植物的生态、了解气候环境，课堂内容可谓是相当丰富。

我印象蛮深刻的是，在小K一年级的时候，有一周的课程主题名称为“中古世纪周”。在这一周，学校停止了平时的课程，每天都在进行关于中古欧洲的各种活动，孩子可以参与其中，把欧洲中古世纪的生活搬进学校课堂里，老师还教大家用废弃的硬纸板做成古代打仗时所穿的骑士服，并自己为它喷漆、上色，还把淘汰不用的足球洗干净剪成两半，拿来充当骑士的头盔，孩子们都玩得不亦乐乎，不仅了解了历史，也尽情发挥了创意。

学校用一整周，改变平时上课的方式，让孩子们在寓教于乐中完整地了解欧洲在中古世纪时的生活，衣、食、住、行、育、乐……将历史情景重现，难怪每个孩子在这一周都很兴奋，并且回到家还滔滔不绝地说出他们今天又多知道了些什么呢！

在台湾，我想不太会有这样的课堂发生吧！赶课都来不及了，怎么可能发生整周都在“中古世纪”里“玩耍”这种事呢？知道了这些有何用，考试又不会考……我想，这大概就是我们通过考试主导教学，而让孩子失去学习兴趣的结果吧。

我还记得在小K四年级的时候，有一回主题是“食物周”，孩子们必须带他们所知道的、用“麦子”做成的东西到学校来，并一一介绍给同学们。小K要学习有关生物的课程：介绍青蛙如何跳跃、青蛙从卵变成蝌蚪再变成青蛙的生长过程，青蛙和蟾蜍有什么不同，如何分辨鸭子的性别，鸭子的生活习性等。从小学四年级开始，这门课也开始对孩子进行性教育。

虽然这门课的内容很庞杂，但却为各个领域描绘出了一个大概的轮廓，并提供入门所需具备的知识，为将来孩子们在中学学习更深入的知识打下基础。德国小学用这样有趣且吸引孩子们积极参与其中的教学方式，来引导孩子们学习知识内容，我认为是相当可贵且值得学习的。

◎什么东西都可以自己动手做——劳作和艺术课（Werken & Kunst）

德国的工艺技术在世界上可以算是相当闻名的，德国培养出无数优秀的工匠，在小学里，这一门劳作课程自然也做得相当不错。

德国人从小就喜欢自己动手做，尤其是老师，教室里的东西几乎什么都可以自己做出来。在这一门课程里，也要求每一个孩子都要亲自动手做。圣诞节时，老师教大家做圣诞节的摆饰、卡片、蜡烛，也教小朋友绘画、剪纸、版画等，内容包罗万象。主要想传达给孩子一种概念：什么东西都可以自己动手做，只要你想做，就可以想办法从你周遭的生活中找到材料，并且完成它。而这些材料，最好可以废物利用，既省钱又环保！

◎非常重视的科目——体育课（Sport）

户外运动似乎是德国人的全民运动。德国人喜爱运动，从很多体育项目的世界级比赛中可以看出来，德国人在许多比赛成绩中都名列前茅，尤

▼小K是一个爱涂鸦的小孩

其是足球。所以很自然地，体育课也是德国小学非常重视的科目，孩子们每周会上三堂体育课，在入学的第二年，还会在孩子们的体育课中安排游泳课程。

◎陶冶性情的科目——音乐课（Musik）

音乐被视为一门陶冶性情的科目，音乐课对孩子们来说也经常是最快乐的时光。音乐课里孩子们唱歌、识谱，到了四年级才开始教授孩子们初级的乐理课程。

孩子们喜欢上音乐课。从小K回家的表现可以看得出来。小时候，小K只喜欢听歌、听音乐，但是很奇怪地对于唱歌并不十分感兴趣，好说歹说，请他唱个一两句他都不肯。进小学上了音乐课之后，到了二年级，居然每次上完音乐课之后，回家有时间就拿着老师发的歌谱讲义在客厅里唱歌。

我问他："明天要考试吗？"他回答："没有。""那你干吗在练习唱歌？""因为我觉得这首歌很好听，所以就唱呀，是今天老师新教的歌喔，蛮好听的。"

没想到音乐课居然让小K喜欢开口唱歌，而且直到现在，他在洗澡或玩积木的时候，也会不自觉地哼起歌来。音乐课对孩子若可以有这样的启发，真是太好了！

◎“听、说”是学习的第一步——英文课（Endlisch）

德国小学生从三年级开始学习英文，每周两堂课，课时比重不高，但却从平日的会话开始训练，且每个孩子都要学习开口说。老师并不着重和要求识字，因为语言学习最容易的是听和说，读和写则需要长期不间断的培养。德国老师认为：语言就是要说才会学得好，建立起“听、说”的第一步之后，再开始加强“读、写”，相当重视实用性。

多种语言学习向来是欧洲教育中相当重要的一环。

在欧洲多种族、多语言又往来密切的情况之下，多种语言的学习其实是有必要的。在东德时代，小学生开始学的入门外语，不是英文而是俄文，这与政治上的因素有百分之百的关联，所以很多东德人，现在是懂俄文的。星移斗转，现在所有的德国小学生，第二外语都是英文了，到了中学，可以再自己选一门喜欢的外语来学习，大多数人选的是法语。

他们认为学习第二外语是为了沟通，除非是计划将来想要用英文念书，所以听和说是最基本、最重要的。有些学校从中学开始举办跨国交换生活动，既增进孩子的语言能力，也增广见闻。在欧洲大陆这块语言相近却不相通的地方，学习多种语言很重要，也很平常，因为语种会得越多、运用得越好，就业机会必定越多。

“教育在欧洲，我认为最好的是芬兰，以前东德时代，我们的教育就是类似芬兰的教育体制。”

我在拜访一位前东德的小学校长时，他这样说：“譬如说，学习多种语言，在欧洲是很重要的。在德国，我们是从三年级才开始学习英文，我认为起步太晚。你们台湾从什么时候开始英文教学？”我笑着说：“现在很多家长从幼儿园就开始让孩子学英文了，以正规教育制度来说，应该也是三年级。”

来自中国大陆的Anna在一旁补充说道：“中国大陆更是。尤其是一胎化的影响，很多父母亲连夜去排队抢位子，就是想为孩子找一所优质的双语幼儿园。”

这么早就将孩子放在双语的环境中，对语言的训练与发展，大致上来说，应该是有帮助的。但是不是有帮助得看每个孩子对语言的接受程度，有些孩子同时接受双语，是完全没问题的，可以学得又快又好，但是大多数的孩子，是要一次学一种语言的，母语有了稳固的基础之后，再学第二外语，甚至第三外语。所以创造一个经常“听、说”的语言环境，是比较重要的。

德国的小学课程看起来虽然内容丰富，但并不强求孩子死记硬背。每个孩子学习的快慢不同，但是课程内容生活化，教学设计有趣又不失教育性，因此大多数的孩子都能快乐地成长，不会因为课业问题需要额外补习或是为功课烦恼，“玩”就是德国小学生的主修，他们从中学习到更多。

小K妈的悄悄话：

- 各种学习，在初始的阶段，贵在有趣。
- 有兴趣、能保持高度的好奇心，孩子就有学习的动力。有了学习的动力还有什么学不好的吗？

06 学习固然重要，行为的导正也不容忽视

赢在起跑线不是赢，大多数的德国家长和老师认为，打好基础才是将来制胜的关键。眼前的优秀，不代表将来一定也优秀。务实的德国人，认为基础比什么都重要，没有稳固的地基，再美丽的房子也有可能坍塌。

◎小学一年级就有“留级生”

小K班上有个特别高大的同学，我在新生的开学典礼上并没有看到他，询问之下，才知道他是留级生。

“留级？”我对于这种小学一年级就留级的事情，感到十分惊讶！为什么留级？后来我才明白，在德国所谓的“留级生”很多，留级的理由不一。

有些是老师的建议，因为孩子这一年的学习跟不上班里同学的进度；

有些是家长认为孩子学习不够扎实，必须打稳根基，因此重读一年。除了跟不上进度的学生，老师会建议重读一年，因为父母亲工作的关系，随着父母外派国外一两年再回国的学生，也都有可能留级重读。

在德国人的观念里，这并不是件丢脸的事。“留级”就表示对于这一年的课程不够熟悉，所以再读一年罢了，把基础打稳一点，对将来更进一步的学习也是一件好事。

而反观台湾，尤其是在传统的教育中，成绩和品格看上去似乎是紧密关联的，对成绩好的学生，大家经常有多一分的包容，成绩不好的，则似乎什么都坏。因此，在我们求学的年代里，“落第生”“留级生”是被认为很丢脸的，没想到在德国，留级生相当普遍，而且从小学开始就有。

我认识一位德国朋友，他让原本已经要升四年级的儿子重读三年级，而且还换了一所学校。这个孩子的成绩不好，但学习方面勉强还可以跟上大家，原本学校的老师建议孩子可以念四年级，但是因为孩子有语言表达上的问题，经过医生的评估之后，转换到德国特殊的学校就读，并且从三年级开始重新读起。

“为什么让他重读三年级呢？他应该是可以跟得上的，只是语言表达上有些问题而已。”我好奇地问这位德国友人。“我觉得他对于数学根本还没有开窍！”德国朋友笑着说“打好基础，以后才有跟上的机会呀，所以我决定让他重读三年级，把根基打好。”

务实的德国人，认为基础比什么都重要，没有稳固的地基，再美丽的房子也有可能坍塌。

在台湾，也有父母亲主张让孩子提前入学，当然，这些可以提前入学的孩子相当聪明，但在德国并不鼓励这种情况，甚至有些父母因为孩子成熟度不足，而让孩子晚一年入学。晚一年入学，大多数的孩子可以在学业上驾轻就熟，行为习惯的独立程度也更好。

想一想，让孩子早一年入学、早一年毕业的意义在哪里？百分之九十以上的孩子都是一般学生，应该用正常的方式发展，拔苗助长并非一件好事。事实上，求学只是人生阶段性的目标，培养成熟、负责的人格才是教育的最大目的。

◎面对学生之间的冲突事件

目前在台湾许多人正在努力提倡“品格教育”，在德国是融入生活之中的，而且来自各个家庭的家庭教育，也是从生活里潜移默化、让孩子慢慢导正的。

在德国小学里，面对学生之间的冲突事件，老师会以平日对各个学生的观察来进行教导，不是把它当成一个学科来教，而是把行为的教导看得比学科的学习更为重要。

学生犯了错，即使是严重的错误，老师也不会大声骂人，更不会在众人面前骂孩子，而是制止他的不当行为之后，把孩子叫到一旁，告诉他为什么不能做这样的事。

我记得有一次，小K在学校被几个大的孩子打了（也许是一种挑衅行为或是好玩，并非真是所谓霸凌行为），小K那时德文还不够好，不会处理，于是便去告诉老师。老师反问他："那么你有没有问他为什么打你，并且告诉他不能打人呢？""有啊，但是没用，他还是打我。"儿子回答。接着老师把另一位同学叫来问话，把事情厘清。

有些时候仅仅是一些小冲突，孩子们打打闹闹之后就忘了。一般而言，同学之间的冲突，有时候是避免不了的，若不是严重的霸凌行为，老师会先鼓励孩子自己想办法解决，再让双方互相道歉，并要求双方握手言和。久而久之，同学们之间的相处，自然也就渐渐没有太多的问题，孩子也学会自己面对、处理简单的人际问题。

◎人生长得很，赢在起跑线不是赢

不知从何时开始流行起"不让孩子输在起跑线上"这个说法，但是在德国，这句话可不是万灵丹，对大多数的父母亲也起不了太大的作用，德国人的教育观点，一如他们对于所有事一样务实，什么样的选择对孩子最好，就让孩子去选择，也就是——这个孩子不喜欢念书，或者书念不好，那就该把他放在自己愿意去发挥的地方。所以专业的认证对德国人来说，比任何文凭都来得重要。我想也正是因为这些因素，德国的各种技术学校才发展得如此完善并且专业。

赢在起跑线不是赢，大多数的德国家长和老师认为，打好基础才是将来制胜的关键。眼前的优秀，不代表将来一定也优秀。

以我自己来说，大学重考了三次，因为我偏科，总是只对自己喜欢的科目感兴趣。因此考出来的成绩好的很好，差的极差。这在德国人的看来，会认为也许我并不适合念大学，应该提早想想，是否该走别的路，找出一项专长，比不断重考来得好。但在台湾，我们通常不知道，如果“不念书还可以做些什么”。

而“赢在起跑线上”真有这么重要吗？德国的基础教育告诉我们，首先要求的是大家都跟得上。

曾有一个台湾的画画老师告诉我，他曾经教过一个美术班的孩子，有一个孩子考上了一个评价很好的高中美术班，到了三年级时，他觉得自己基础不够好，因此取得父母同意后，自动留级一年。最后，她考上了台湾大学的美术系。所以说并不是孩子做不到，是看父母愿不愿意给孩子多一点时间去摸索自己而已。就如洪兰教授书中说的，“人生很长，没有输在起跑点这回事”。

学习是重要的，大多数的德国人希望孩子自由发展，对于拔苗助长让孩子超时学习的方式嗤之以鼻。因此，我们可以看到德国人的教育观念，学习固然很重要，但是行为的导正也不容忽视，而留级一点也不可耻，只是为了让你的学习更扎实。

小K妈的悄悄话：

◆没有稳固的地基，再美丽的房子也有可能坍塌。学习亦如是。
◆学习固然很重要，但是行为的导正也不容忽视。好的品格也很重要。
◆求学只是人生阶段性的目标，培养成熟、负责的人格才是教育的最大目的。

07 把孩子看成一粒种子，需要爱护和尊重

德国的教育中，不是告诉孩子不能犯错，而是用严肃的态度，让孩子正视自己的错误行为，老师会和颜悦色地劝说，不做人身攻击，但也不轻易姑息不当的行为。老师也不会上纲上线地“请家长”介入，除非发生严重的暴力行为。从小就训练孩子独立，为自己的行为负责。

小K二年级的时候，有一天晚上，同班同学的妈妈米米（Mimi）打电话告诉我，小K在学校做了一件严重的事。虽然和米米很熟，但我仍然很紧张，因为通常她在晚上打电话给我，一定是重要或紧急的事。于是我急忙问她：我们家小K这个“捣蛋鬼”究竟在学校做了什么严重的事儿？

米米说：“他今天在学校写脏话。”

咦？写脏话？一般小孩不是说脏话吗？什么叫做写脏话？什么意思呀？

听了米米的描述和小K的“口供”之后，我发现事情大概是这样的：

那天下午大家一起在教室写作业，小K写完作业后，和同学马克斯在写纸条玩耍。马克斯因为无聊，一时兴起，写了一句脏话故意骂小K，小K不甘示弱，也写了回去，马克斯又写了回来，一来一往，两人以互写脏话、骂来骂去为乐。紧接着后面出现了两个女生，把纸条抢走了。

“嗬，写脏话！”女生们一边叫着，一边跑着去把纸条交给老师。“乐于揭发”这个行为倒是全球一致呀！就这样“东窗事发”了。米米忧心忡忡地问我：“小K怎么会知道这些字呀？”我猜他写的这些脏字是从翻成德文的好莱坞电影中学来的。

◎处罚是为了让孩子改过，而不是让他丢脸

第二天老师也告诉了我这件事，我对老师的处理方式十分欣赏。

看了纸条之后，老师并没有生气，她把小K叫到跟前说：“这是你写的？”小K点点头。老师又问小K，“你写的那些脏话很高深，是一般这年纪的小孩比较不会用的字，而且平常你也不说脏话，怎么会写呢？”（因此我严重怀疑那些脏字，小K搞不好也不怎么懂，只是碰巧学来，拿出来用用罢了，只知道那是骂人的话，不知道说出来的后果会如何。）老师又说：“你去把字典拿过来。”小K心想完蛋了，这下不知道会被怎样处罚，只好乖乖认命地去拿了教室里的字典。

老师和蔼地告诉他：“你在字典里查查看这些字。”小K照办，查了起来。查了许久小K都查不到，老师又开口问他：“找了那么久，你找到

了吗？”小K摇摇头。于是老师请他放下字典，并告诉他：“字典里没有的字，就是不好的字，不能用，知道了吗？”小K点点头。

老师接着说：“以后不可以再写了，因为你犯了这个错误，所以操行成绩你这学期没办法拿到1。”（德国的成绩1相当于A）

老师没逼问小K这些脏话是从哪里学来的，只告诉他这些字不能再用，是不好的字，但是也给他和马克斯适当的处罚——操行成绩这学期没办法拿到1，然后也告诉了我这件事，给孩子留了面子和余地，但是也让他知道做了不对的事，要承担做错事的后果。

德国教育中，对于这些生活细节和习惯，要求是十分严谨的，他们会顾及孩子的面子，但不对的事，也是坚持给予处罚的。这让我想起小时候犯了错，总是在全班同学面前被骂，当时只会觉得丢脸，反而不觉得需要反省自己的行为。

小K的老师这样处理之后，小K从此再也没写过脏话或说脏话了。这也让我明白：处罚的目的是希望孩子改过，而不是让他丢脸，更不用说体罚了。体罚或特别严厉的处罚所达到的效果，只是让孩子更害怕犯错，让孩子犯错时只会掩盖或不承认罢了。

德国的教育中，不是告诉孩子不能犯错，而是用严肃的态度，让孩子正视自己的错误行为，然后能够改正。老师会和颜悦色地劝说，不做人身攻击，但也不轻易姑息不当的行为。老师也不会上纲上线地“请家长”介入，除非是发生严重的暴力行为。这是很难做到的，但是在小学的基础教育中，这是十分重要的一种行为导正做法，很值得学习。

▲ 小学老师培养孩子将自己的试卷归档的习惯

◎从小就训练孩子独立，为自己的行为负责

另外还有一次，在早晨的上学途中，我看到一个四五岁的幼儿园的小朋友，走着走着就跌倒了，小朋友大哭了起来，他的妈妈知道这一跤跌得并不重，孩子根本是想耍赖，因此告诉他：“宝贝，跌倒没关系，你很棒，自己爬起来吧！”

那个小孩硬是不肯，坐在地上耍赖、大哭：“好痛好痛，妈妈抱！”当时经过的行人，都在看发生了什么事，为什么有个小孩哭得那么惨烈。

那位妈妈还是不为所动，继续和蔼地站在离孩子五米远的前方说：

“妈妈在这里等你，自己站起来。”妈妈十分坚持。

孩子在地上耍赖了快十分钟，他的妈妈就一直站在那里，等他自己站起来，并一直说些鼓励的话，但是丝毫没有要走过去抱起他的意思。僵了许久，妈妈又跟他说：“宝贝，赶快爬起来，不要哭了，上学要迟到了喔。”那小孩终于认命，眼角还挂着泪，此时却乖乖地爬起来，跟妈妈继续走着上学去了。

从这位妈妈身上，我看到了她十分坚持自己的教养原则。

德国人认为这是有必要的事。从小就要训练独立，为自己的行为负责。而我也相信那个耍赖的小孩，从此再也不会故意耍赖，孩子是聪明的，因为他知道他的母亲不会轻易妥协，所以赖了也是白赖，不如跌倒了就自己爬起来吧。

也曾有一位德国妈妈跟我说：“对待小孩，要事先和他约法三章，而事后绝不妥协，孩子就会慢慢知道，什么是可以做的、可以商量的，而哪些是不该做、不能做的。他们也会知道，父母绝不会轻易妥协约定过的原则。”

德国人普遍都认为，必须明确地让小孩知道什么是可以做的、什么事是不容许的，否则他绝对会不断挑战你忍耐的极限。

◎个人空间、就餐礼仪、相互尊重

有人说，德国人把孩子看成一粒种子，他们需要自然的生长环境，需要爱护和尊重。不可过于控制，而要尽量给孩子多一点自由发展的空间。

德国孩子从小就可以参与家庭的各项活动，还可以提出自己的意见，但却不是坚持己见，而是与家人一起讨论。比如购买什么样的家用电器、汽车，如何布置房间、处理家务等，孩子都可以以小主人的身份与父母一起商讨，父母也愿意倾听孩子的意见，并且鼓励孩子一起执行，包括漆油漆、组装柜子、种花等。

虽然德国人如此注重“个人空间”，但是对于小孩在社交及餐桌礼仪方面，德国父母却有着远比我们更严格的标准。例如：吃饭时嘴巴不可以发出声音；刀叉也尽量不可发出碰撞的声音，若是不小心碰撞，一定要向同桌吃饭的人说声对不起；餐桌前不能随意打嗝；吃完饭后要离开前，必须征求同桌其他人的意见，问“我可以离开了吗？”等等。

此外，不但是老师，连家长也必须学会善于控制自己的情绪，并学习懂得尊重孩子的自尊心，给孩子不遗余力的爱。因此，即使是父母，有些事情做错了也要向孩子道歉说“对不起”，并且把“请”“谢谢”等词语挂在嘴边，每天早晨遇到邻居、老师，要说声“Guten Morgen”（早安），见到人要随时记得打招呼。德国人认为，这些看起来虽是小事，但却是非常重要的。

◎重视团队合作，养成良好的生活习惯

在德国长大的孩子还必须学会：如何做决定、如何妥协、如何与团队合作、如何与人交涉。因为在德国人心中，很重视整体的合作关系，不管你个人能力为何，都要以团体的利益为先。

此外，他们也训练孩子养成物归原位的习惯。例如孩子在学校玩毕玩具、积木，都必须自己收拾好，放回原来的柜子里，久而久之，便养成了习惯。有了这样的习惯之后，大家便不必再浪费时间找玩具，也不用再回想上一次究竟是谁最后玩的，东西总是在它该在的位置上。

一板一眼的德国人，认为纪律是成功的要素之一，有纪律才有毅力，才会成功。学校与家庭配合，帮助孩子养成良好的生活习惯，是成功的第一步。尤其是在孩子小的时候，花时间培养他良好的生活习惯，比送孩子去补习班更为重要。因为良好的生活习惯以及与他人合作的态度，可以使他一生都受用不尽。

小K妈的悄悄话：

◆追求自由的同时，更需要纪律。虽然德国人一板一眼的程度经常令人瞠目结舌，令人感到不可思议，但是，他们在纪律之下的要求，却是相当符合人性的。

08 德国人怎样培养孩子的阅读习惯

读书之夜？晚上辛苦地留在学校里念书，有什么好期待的？原来，孩子们之所以会期待，是因为这一天晚上会在学校过夜，并且可以和大家一起享受阅读的乐趣。

在小K的学校里，每个学期都会举办一次让孩子既期待又喜爱的活动——“读书之夜”（Lesen Nacht）。

读书之夜？这可不是我们曾经上的“晚自习”，晚上辛苦地留在学校里念书，有什么好期待的？一开始，我真的以为“读书之夜”应该就是“晚自习”，结果不然。孩子们之所以会期待，是因为这一天晚上会在学校过夜。孩子们想的，并不是在学校“彻夜阅读”这件事，而是大家可以一起在学校过夜，一起享受阅读的乐趣。

这个读书之夜的活动，通常会安排在星期五。这一天，孩子下午放学回家之后，傍晚五点半，就必须再返回学校，带着睡垫、睡袋、小台灯、枕头、棉被等，到教室里找好自己想要睡的位置，铺好自己的睡垫，放好自己的寝具，接着所有人带着自己的借书证，跟着老师到附近社区的图书馆，去找一本自己喜爱的书，带回学校。

晚餐后就开始进行“读书之夜”的活动：大家必须先看一遍从图书馆借来的书，然后每个孩子轮流分享自己选读这本书的理由和故事大纲。分享之后，开自己的小灯继续享受阅读的时光直到就寝。

孩子们对于这一天的活动往往会感到特别兴奋，不管是不是爱读书的孩子，都觉得这是一件很新鲜、有趣的事。学校通过这样的活动抛砖引玉，鼓励孩子们阅读，引起他们对阅读的兴趣，并创造这样的阅读氛围，让孩子体会到阅读的快乐，学校老师们真的是非常的用心。

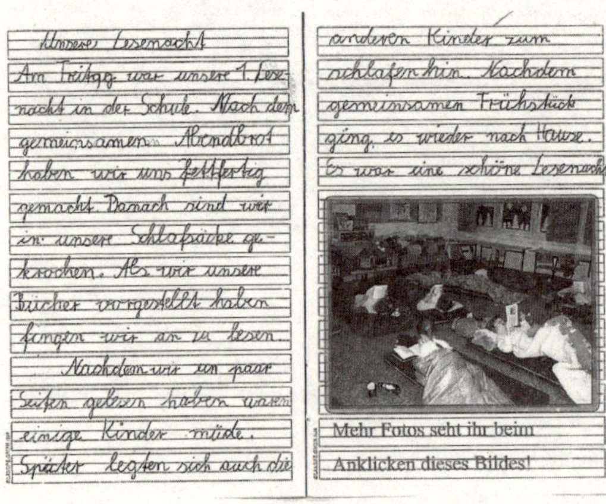

◎阅读，是写作的基础

在台湾，很多人告诉我，小朋友不喜欢写作文。我会反问：“那么他喜欢阅读吗？”所得到的答案不一。台湾的父母亲都太过担心自己的孩子输在起跑在线上，因此会要求很快地“看到成果”。然而多数父母都忘了，其实写好作文的基础是阅读，需要长时间的培养，才可能会有所成果。

阅读和写作，都不是一蹴而就或一朝一夕就可以看见效果的。

举我们家的例子来说，小K虽然接受的是德国教育，三年级时他的英文阅读能力，已经可以达到七八年级的水平。主要的原因是：小K认字，是从英文开始的，而他的阅读能力，也自然从英文开始。

我们并没有要求小K花很多时间在英文上，只是希望他可以不要荒废了在英国时好不容易练起来的英文。在德累斯顿这个英语并不通行的城市里，我们为小K找了一位家教老师，这个老师的主要任务就是每个星期来家里陪小K“玩耍”，让他之前在英国累积的英文能力能够持续。毕竟，英文在国际上仍是重要的沟通语言。

家教老师是美国人，是我德文课的同班同学，住处离我们家近，因此请她来帮小K学英文。当时，由于她是嫁到了德国，每年还要外出度假两三次，每次为期两周，偶尔还要回美国一个月见见家人，所以小K的英文学习进度并不是很快。

除了在英文学习时的“听和说”，我们还另外搜寻着提升小K的英文阅读能力、培养他对英文的阅读兴趣最有效的方法。我们想起了在英国时购买的一套小书，每一本书只有短短的文章，我们决定让他用朗读的方式，去熟悉英文。如果只是让小K自己朗读，他可能很快会失去兴趣，而且在开始的时候，即使他朗读完书中所有的句子，也可能并不完全了解其中的意义，因此，我们用让他朗读一次、爸爸朗读一次的方式，像游戏般地进行着英文阅读这件事。

朗读完毕之后，便用讲故事的方式将小书的内容讲一次给他听。渐渐地，经过一段时间之后，小K可以开始独立读这些小书，在他无聊的时间里，就会随手拿起一本，看看书的内容。看得懂之后，有时上英文课，还可以跟老师聊一聊书这本书，读错了的单词，英文老师也会加以纠正，慢慢地小K建立起了对英文阅读的能力和信心。

我注意到在德国，以及其他许多欧洲国家，学校和老师对于培养学龄孩子的阅读习惯，皆不遗余力。因此对于孩子的阅读和写作，除了父母亲的用心陪伴和正确引导之外，最首要的任务便是帮助孩子建立自信心。

◎喜欢看书的孩子，念书一定没问题

我小的时候很喜欢看课外书，我会到图书馆里找书来看。有时候，一整个暑假就消磨在阅读的时光里。我的阅读和写作能力，也是这样长期从看课外书的过程中慢慢建立起来的。小时候，我很讨厌看课本，总是爱看被父母亲认为是“没用”的课外书籍，到国外之后，才发现国外的孩子，阅读能力竟然就是从看闲书开始培养的，而且还受到老师和父母们的鼓励。

一个德国朋友曾经问我：“你的孩子喜欢看书吗？”我说：“喜欢。”于是她百分之百肯定地告诉我：“喜欢看书的孩子，念书一定没问题！”因为他们相信，不论哪一种语言基础，都是由阅读和聆听故事开始的。在德国人的观念里，培养孩子阅读的习惯并喜欢阅读，是一切知识的

▲ 小K和爸爸一起阅读 ▼

基础和开始。

在台湾，看到很多小朋友补习作文，也有朋友建议我加入教授作文的行列。其实写作是一件快乐的事，同时也是一条漫长的路。想要写出好文章，就必须要从阅读开始。阅读不可以被当成是一种口号，最好的阅读方式是由父母亲陪伴阅读开始。

许多父母亲以为把孩子送进作文班，短期内就可以看到预期的效果，其实这并不容易。如果想要孩子能够写出好文章，首先要做的就是培养孩子喜欢阅读的习惯。一旦孩子喜欢上阅读，将会终身受益。想一想，没有阅读的累积，如何能建构出一篇好文章呢?

在德国，孩子们的阅读习惯是从幼儿时期就开始培养的，并会一直延续到成年以后，他们普遍认为去图书馆是一件有必要的事。我也经常看到一些在电车上、火车上，或是正在做日光浴度假的德国人，拿着书或是报纸杂志阅读，甚至还有推着娃娃车、晒着太阳的妈妈们，也会随时用读书给孩子听的方式，来安抚孩子的情绪。

◎图书馆是很多德国孩子常去的地方

在德国教育中，培养孩子的阅读习惯，不仅是老师或父母其中一方的责任，而是两方一起进行的。用鼓励却不强迫、引导却不硬性规定的方式，让孩子多接触阅读，人人这样彻底执行的方式，让我印象十分深刻。

我记得在小K一年级时，学校的午休时间，辅导老师还每天不间断地为没有午睡习惯的孩子读格林童话故事呢！这些都是未来认识文字、读书和写字的重要基础。如果阅读这件事已经变成自然而然，就没有所谓需要父母要求孩子“去看书”的这些烦恼了，因为孩子会在书的世界中，找到他阅读的乐趣。

除了学校的图书馆，城市中的每一小区域都有图书馆，可以免费借阅各类童书、绘本、DVD等。很多学龄前孩子也会在妈妈的陪伴下，来到图书馆里消磨时光，念故事给孩子听，或者和孩子一起看绘本，引导孩子进入书的海洋。

图书馆是很多德国孩子喜欢去的地方，在我们居住的地区性图书馆里，还有为孩子布置的座椅和空间，让孩子对这里的阅读环境充满兴趣和

▲ 小K经常逛的书店，也是很舒适的阅读场所

向往。在台湾，虽然可以在图书馆中找到各种各类的书籍、各式各样最新的信息，但图书的使用率却没有欧洲图书馆的高。

我们常会不自觉地、有目的地去要求孩子看书，却反倒破坏了孩子的阅读兴趣。其实，看书除了获得知识，也可以 just for fun！（仅仅为了好玩）怎样让阅读变得有趣，怎样让孩子对书产生兴趣，是培养孩子阅读习惯的关键。

心理学博士洪兰在其书中就曾提到：“书只要有兴趣就看，不必问能带来什么好处，知识是相通的，知识会吸引更多的知识，使学习新知更容易。”

德国小学通过“读书之夜”活动，来培养和开启孩子对阅读书籍的兴趣，是一个很不错的方法。也许这个方法不见得是最好的，但阅读是开启知识的大门，也是奠定写作能力最重要的基础，培养阅读习惯不是只用倡导或口头说说就可以做到的，更需要父母和老师的共同投入。如果父母亲自己都不愿意看书，怎能要求孩子自己去发现书中的黄金屋、颜如玉呢？若是孩子已经发现了阅读的乐趣，那么我相信，他一定可以从阅读中获得更多，走得更远。

小K妈的悄悄话：

- 文学家狄更斯说：“书，使我幻想灵活，使我的希望超越时空。”阅读不但对文字的运用有潜移默化的帮助，对于孩子的想象力也有实质的影响，阅读更是培养孩子知识学习的基础。

09　德国学校里的“安亲班”

大部分的孩子都会留在学校直到下午四点，有的则因为父母工作的关系，最晚可以在学校一直待到下午五点钟。这样的“服务”几乎是全年无休的，寒暑假也不例外，只有圣诞节等重要的假期，学校才会关闭，给了许多双薪家庭很大的帮助。

印象中在国外念书的孩子，通常没有什么压力，每天都是玩、玩、玩，作业少少的，或者根本没有，中午就放学回家了。在德国小学的情形也是差不多，一般说来，每天上午七点半到中午十二点，是德国小学正常的上课时间，虽然每所学校第一节课开始的时间不尽相同，但所有的课程，在中午之前一定会结束。

德国西部的许多妈妈都没有上班，因此小孩在放学后就会直接回家，而在德国东部，很多双薪家庭，因此产生了在学校设有“安亲班”的制度。

在我们所居住的城市德累斯顿，小学下课后，大多数的孩子都还会留在学校的安亲班（Hort），由老师指导写作业，写完后继续玩耍。所以每一个学期刚开始的时候，学校便会给家长一张通知单，家长需要在单子上填写孩子要留在学校的时间，孩子由父母接送、祖父母接送或者是自行走路回家，都必须填写清楚，好让安亲班的老师们可以知道每个孩子的作息和动向。

大部分的孩子都会留在学校直到下午四点，有的则因为父母工作的关系，最晚可以在学校一直待到下午五点钟。学校这样的“服务”几乎是全年无休的，寒暑假也不例外，只有圣诞节等重要的假期，学校才会关闭，给了许多双薪家庭很大的帮助，也让专职在家带孩子的母亲，有一些自己的时间，孩子更是可以和同学一直玩到下午。因此我对于德国学校有Hort的设立，真的觉得很开心。

在小K念的这所德国小学，安亲班里专职的老师，帮助任课老师处理一些孩子们生活上的问题，任课老师专心以孩子们的教学为主。

在Hort的时间里，不像上课时间一样有固定的课程，写完当天的作业之后，孩子们便可以开始在学校内自由活动——玩自己想玩的益智游戏、下棋、搭积木、阅读、画画；天气好的时候，更可以选择到户外打球、骑车；夏天里在户外玩水，冬天下雪的时候，还可以穿上保暖的衣服，拉着自己的雪橇玩雪。德国虽然没有像北欧国家一样长达快半年的冬天，但是冬天下雪的时间也不少，因此冬天里玩雪是孩子们最大的乐趣。

在冬天下雪的日子里，只要室外的温度可以玩雪，老师们从不吝啬让孩子到户外玩久一点，如此也更充分锻炼孩子的体魄，而不是总坐在教室里念书、学才艺。我认为，除了上课时间，德国小学的孩子可以说几乎都在玩，因此大多的德国孩子都比较强壮，即使不到强壮的程度，体能也都很好。

◎孩子的作业自己写，养成“敢问”精神

记得小K上小学第一天回到家后，我问他：“老师有没有布置作业？今天的作业是什么？”结果小K眼中一片茫然地告诉我：“我不知道。”我接着问“那么这一天你在学校做什么呢？”“上午上课呀。中午吃完午餐要睡觉，然后出去玩，接着你就来接我下课啦。”儿子认真地回答着。“那有作业吗？”我又问。“有。”“是什么？”“不知道，但是我写完了。”……我实在哑口无言。

上了一整天的课，根本搞不清楚在学校干了什么！这样下去到底行不行啊？“那、那，你都听得懂吗？”我很担心地问着。“懂。”他继续回答。懂？那怎么都说不出来呢？他真的是把我搞得一团雾水。后来我只好鼓起勇气，到学校去找老师了解情况，这下终于明白，原来是我自己太过紧张了。

德国小学生的课外活动表

星期一	快乐音乐教室
	道路交通安全
星期二	室内运动
	国际象棋/入门班
	国际象棋/进阶班
	舞蹈
	作业课后辅导
	德文
	陶艺课
星期三	道路交通安全
	拉练
	桌上游戏
	艺术-14天
	摄影与制作电影-14天
	计算机教学-14天
	双人羽毛球
	实验
	电子琴、键盘乐器/吉他（入门）
	创意雕塑
	烹饪与烘焙课
星期四	道路交通安全
	合唱团
	手工艺/陶艺-14天
	自我防卫
	手工劳作
	英文
	双人羽毛球
	烹饪

注：此为简略版本，德国的课外活动表上，同时还会写上年级、教室、上课时间、上课教师、开始上课的日期等信息。

作业基本上都是在学校写完的，写不完的再带回家写，但是一般不会有“写不完的作业”。如果有不懂的部分，Hort的老师会给予指导，因此根本不太需要担心回家的功课问题，只需要抄抄联络簿，记住第二天需要带的作业本和学习用具就可以，连课本都可以不用带回家。

这一点对于我不太会讲德文的家长，有极大的帮助，只需要看孩子写了没，至于写对、写错，就靠老师指导，如此我也乐得轻松。到了后来我发现，因为我不干预孩子功课上的事，小K也都会主动把功课写完，有不懂的地方，我就请他问老师（因为问爸爸妈妈，等于是白问，我们的德文程度比他还差呢），久而久之，让他养成了对自己负责的态度和“敢问”的精神，更肯定了他自己的德文程度。由于一年级是没有考试的，所以他过得非常轻松自在，每周五也都没有作业，这里真正落实了让孩子快乐学习的教学态度。

◎培养兴趣，让孩子找到生命的寄托

由于德国孩子几乎是在玩耍中长大的，并且崇尚户外活动，因此有些台湾的朋友，好奇地问我：“德国孩子学才艺吗？”这是个有趣的问题。其实小K刚开始在德国小学就读时，我并没有特别想到需不需要学才艺这件事，我只希望他可以赶上德文进度。过了一学期之后，小K已经可以完全适应小学的生活，于是我开始思考他可以上哪一些才艺课。

但是我发现，德国几乎没有什么特殊的才艺班，学音乐大多是孩子有兴趣或者有特殊音乐天分，家长才会让孩子学习，因此孩子课后的时间大

多是可以完全自由玩耍的。

如果体能训练也算是一种才艺的话，我倒是看过一个朋友（她是在西德出生长大，德国统一之后，嫁给了在东德出生长大的丈夫），带她的孩子到体能训练班，每周一天，到体育馆接受各种体能训练：跑、跳、柔软度训练，等等，她说，东德时代，很多东德的奥运体操选手，就是从这样的训练班发掘出来的，然后加以严格训练而扬名世界，在西德就没有这样的体能训练活动。

另外还有个朋友的女儿很喜欢马，她的书包、书桌、文具、玩具、房间……处处都印上各种不同的马的图案，很多T恤衫（T-shirt）也都一定要印上马的图案，因为太喜欢马了，所以她的妈妈为她在附近的马场里，找了教练来帮着她上马术课程。

还有一个家庭，父母都是音乐老师。在耳濡目染之下，家里每一个孩子都学一种乐器。老大五岁，学拉手风琴；令我印象很深刻的是老二，名叫提姆，个子很小，话很多，才三岁半，他的选择竟然是拉中提琴！我曾经看着提姆双脚夹着“小号”的中提琴，在音乐会中有模有样地跟哥哥合奏，十分有趣。

另外一个已经上了中学的女生，因为她的爷爷（Opa）很喜欢，并且拉得一手动听的手风琴，因此疼爱孙女的Opa在小女生五岁生日的时候，送给了她一个玩具手风琴当礼物。她上小学之后，母亲问他想学什么乐器时，她竟然说什么乐器都不想学，只要学手风琴！想必是因为有了爷爷天赋的遗传，和那个小礼物所带给她的启蒙吧。现在她十五岁了，中学的功课虽然重，但她还是继续学着她的手风琴，至今不辍。

德国孩子学才艺，完全是凭自己对此项才艺感不感兴趣，并不是一窝蜂地有人学什么就跟着学什么，他们相信感兴趣的才艺或嗜好，才能学得好，也才学得长久。从来没有父母亲逼着小孩练琴，练到亲子关系剑拔弩张的情况出现。

除了玩耍，自己喜爱的才艺，学校每一学期都会有不同的社团活动，可以让孩子参加，称之为AG（Arbeits Gemeinschaft）。AG的项目很多，并且每一学期都不尽相同。AG的项目一般有：跳舞、合唱、足球、桌球、烹饪、陶土、西洋棋、电子琴、吉他……琳琅满目，有一年我还在AG的目录上看见有日文课和俄文课呢！当时我就很想建议学校，何不请我来上中文课，岂不是更好？哈哈。

像这样没有压力地去参加一些课后活动，启发了许多孩子的兴趣，有些孩子因为持续在感兴趣的领域钻研下去，后来便选择该领域作为其职业发展方向，也有孩子因此找到了终身喜爱的职业。而这些兴趣若是能从小就在学校中培养，不为任何目的与成果，有时候可能会为孩子开拓另一片广阔的天空，因此在为孩子选择才艺之前，先问问孩子的意见吧。

小K妈的悄悄话：

◆心理学博士洪兰说：“研究发现，生活有寄托的人，在碰到挫折时，比别人更容易东山再起。”从德国人的教育观念中，不难发现在生活中培养孩子的兴趣，才能学得好，也才学得长久。

10 每个人都要有“说故事的能力”

西方教育不论对错，都鼓励学生说出自己的意见，若是意见相左，就进行讨论，老师也会从旁指导。经过这样的讨论，学生更可快速吸收到知识。东方教育惯于单向吸收，更因为说错不受到鼓励，因此多半选择沉默。在现在这样一个快速交流且国际化的世界里，明确沟通相对变成是无比重要的一件事，沉默，只会让人错失许多机会。

表达能力，是未来决定竞争力的一项重要指标。而表达能力，经常是我们最弱的一环，我们往往可以写得头头是道、成绩可以考得名列前茅，但是上台做报告时，就结结巴巴讲不清楚。

我小时候总以为说话能力、演讲、上台做报告，是与生俱来的能力，有人弱、有人强，是天生的，无须勉强。但是到了欧洲之后，我才发现自己的认知是错的，因为影响说话能力和表达能力强弱的，天分不是最重要的，后天的培养才是关键。

从我们到欧洲开始，我就发现表达能力的重要性，而这是我成长了三十多年来第一次发现表达能力的重要。小K爸在英国念MBA的时候，一开学，每一科的老师就开了十多本书单，让学生把这些书找来并看完。老师大致解说后，就希望同学发表意见或讨论。此时大多数的中国学生都是沉默的，因为大家不擅长发言，也都怕说错了丢脸，所以与其说错，不如沉默。反观很多西方学生，都是滔滔不绝，不管对错，口沫横飞地长篇大论，充分表达出自己的意见。

从学生们发言的反应就能直观表现出东方与西方教育的不同。西方教育不论对错，都鼓励学生说出自己的意见，若是意见相左，就进行讨论，老师也会从旁指导。经过这样的讨论，学生更能快速吸收到知识，印象深刻，有时候老师也可以从学生的不同观点中，发现新的方向。

也许你会觉得这是大学的上课模式，其实这样的方式和观念，是从小培养出来的，不是一蹴而就的。东方教育惯于单向吸收，更因为说错不受到鼓励，因此多半选择沉默。在现在这样一个快速交流且国际化的世界里，明确沟通相对变成是无比重要的一件事，沉默，只会让人错失许多机会。

在德国，从小学开始，老师们便在学校中不遗余力地培养和训练孩子们的表达能力。

小K上小学二年级的时候，老师在上课时为大家选读了一则童话故事，篇幅不算短。老师先让学生们朗读，然后解说，等孩子们充分了解故事之后，老师又将长长的故事分成许多段落，给他们一周的时间，吩咐他们回家熟读，一周后必须上台说故事。

说故事的时候，是采取接力的方式，每个人不可以照着故事内容背诵，而是必须完全了解并熟读故事之后，用自己的话把故事说出来给大家听。这就是训练胆量和说故事的能力。老师很贴心地让学生自行选择，是要站在自己的位子上说故事，还是到台上用演讲的方式对大家说。唯一的条件就是，每个人都必须完成这项作业，并且会有一个成绩。

这不但训练孩子当众说话的胆量，也训练有逻辑的表达能力：怎样让说话有条理，怎样让这个故事在你的陈述之下，别人可以听懂，而且感到有趣。这种说话能力不是天生的，而是在一次又一次的练习中慢慢训练出来的。

在平常的课堂里，老师总会不露痕迹地鼓励孩子表达自己的意见，让孩子在平常就慢慢建立说话的信心、学习自我表达和叙述事情的能力。与他人有效率地沟通，在德国人眼中是件重要的事。

对于孩子表达能力的训练，除了书写的表达，还需要广泛阅读以增加表达的内容，另外尽量要让孩子有说话的机会，尽量有耐心地让孩子把话说完，不要急着打断孩子或帮他接话。让孩子表达出自己心中的意思也是件重要的事，久而久之孩子对表达有信心之后，说起话来自然言之有理、头头是道了。

孩子口语上的训练，最简单的方式可以从朗读来入手。在德国小学里，老师相当注重朗读，朗读可以培养说话技巧，训练说话表达的方式，同时还有助于熟悉单词、短句、句型的用法等，因此老师经常建议家长，让孩子在家里大声朗读他们有兴趣的故事书。“听和说”是一体的，所以表达能力可以借助这样的方式慢慢成形，逻辑性的思考也可以从说话的条理中训练。

现代社会是一个合作交流的社会，与人接触沟通频繁，能够拥有良好的表达与沟通能力，就能保持一定的竞争力。新加坡前总理李光耀曾说：“二十一世纪的公民必须有‘快速吸取讯息的能力’和‘正确表达自己想法的能力’，才能和别人竞争。”

小K妈的悄悄话：

- 说话也是一种重要能力，并且是可以培养的，我们却经常忽略了它的重要性。
- 能够准确地用语言表达自己心中的想法，是未来必须具备的一项重要沟通能力。

11 德国的小小足球队，小小马拉松，小小骑士

德国人让孩子可以尽情地玩，尽情地锻炼体能，因为他们相信，有了好的体质，学习必然会更有效，而且还会更上一层楼。

德国人喜欢运动，也重视孩子们的体能训练。运动和体能训练，是德国教育中相当重要的一环。德国人鼓励孩子做各种健康、亲近大自然的运动，四季皆然。踢足球、骑单车、游泳、健行、登山、直排轮……任何一种可以到户外的健康运动，他们都十分鼓励。因此在学校里，只要天气条件允许，大部分的孩子都是在户外活动的。德国人希望孩子们从小爱上体育运动，也培养他们强健的体格。

◎足球运动不仅练体魄，也练品格

欧洲人“疯”足球，甚至到了无可救药的地步。而德国队在每一届

▲ 孩子们下了课在操场上踢足球

的欧洲杯、世界杯足球比赛中，成绩总是相当耀眼，并占有相当重要的地位。我想这和他们政府大力提倡有关。德国每所小学的规模并不大，但在有限的空间里，他们仍然会留有一大片的空地或是足球场、运动场之类的空间，供孩子们活动。

小K是从三岁半就居住在欧洲，四五岁就开始跟着“疯”足球、踢足球。到了德国之后，在一个西班牙友人的介绍下，小K加入了我们住家附近的一个小小足球队。

后来才知道德国的每个城市都有足球代表队，德国孩子是从六岁就开始分龄球队，光是德累斯顿这个城市的小小足球队，就有十几支以上，每一个小区的住家附近都有球会组织，鼓励孩子加入足球队训练的队列。

小K是在六岁时进入这个小小足球队的。每个星期一下午五点到七点，是这个小足球队的训练时间，训练时长整整两个小时，风雨无阻。

小K的教练——奥图先生，是个退休的职业足球选手，已七十五高龄，但从来不畏惧风吹日晒，每个礼拜都在球场上陪孩子们练球。奥图先生总是神清气爽地在足球场上，大声对孩子们吆喝着，提醒他们注意足球和队友的变动。

奥图先生对于孩子们踢球、传球，以及团队合作的技巧，非常注重。虽然这些孩子们年纪小，只有五六岁，但是教练也要求他们对踢球这件事抱着认真的态度，因此在德国几乎没有“因雨取消足球比赛”这种事，只要场地还可以踢，不会影响到孩子们的健康和安全情况下，绝不会延后或取消比赛。这是德国人从小就在足球队训练中逐渐养成的体育精神。

此外，奥图先生还会为自己的小小足球队找寻比赛的机会，他们就像是正式的球队一般拥有正规比赛的经验。虽然他们是小小年纪，但踢完全场球赛下来，几乎要一整天的时间。所以赛制要求每一场的初赛时间是十五分钟，通过球队之间的交叉比赛，最终选出胜利的队伍，给予奖励。

每个球队都需要经过这样冗长的比赛流程，尤其是在这一整天比赛中，我们这些当观众的家长大都要“累个半死”，更何况在球场上比赛的是孩子们呢。在这一整天当中，他们会耗费相当大的体力，同时也考验和培养着他们的耐力。

▲ 平日里的足球训练 ▲

在德国，像这样的小小足球队多不胜数，由此可知若能进入职业队或是国家队的球队员，是多么的不容易呀！

那么，像这样参加足球队的培训，需不需要缴费呢？

小K加入足球队的费用很低，一年下来只要台币两千多（编者注：合人民币四百多元）每周受训两个小时，在德国这样高消费的国家，算是非常低廉的花费。而费用之所以会这样的低廉，是因为政府大力提倡足球运动，并给予大量的补助。因此，对于喜爱足球运动的孩子们会给予很多的优惠，自是希望在这些孩子们当中，将来会出现德国足球球坛上的明日之星，更希望足球是全民的运动，因此德国在推广足球运动时不遗余力，所

▲ 平日里的足球比赛合影 ▼

▲ 小K拿到奖牌很开心

以孩子们不论参加哪一队，所需要的费用都不会相差太远。

在德国，除了小男生爱踢足球，其实也有很多小女生加入足球队。由于年纪都比较小，可以男女混合、混龄踢球，等到一定的年龄之后，女生就必须加入女子足球队了。一般小孩从五六岁开始，就可以加入各城市或区域的足球队。因此他们都会选择离家近的球队加入，并把足球运动作为一种特别的爱好和体能的培养，无论刮风下雨他们都会在这一天出现在球场上奋力地奔跑。

让我印象很深刻的一次是，在小K和队友们踢球时忽然下起了雷阵雨，起初教练根本没有喊停的意思，大家继续在雨中踢球，后来雨势越来越大，教练还是没有要大家收拾东西回家，而是让队友们在一旁躲雨，等雨势变小继续踢球。这时孩子们身上的球衣都已经被雨水淋湿了，他们脚下的草皮也开始打滑……这一幕，让我们这些做家长的满是感动！

难怪有次我问德国朋友："下雨会取消足球比赛吗？"朋友笑着回答说："除非雨下到球都看不见，否则在德国没有取消比赛这种事，足球赛是风雨无阻的！"由此我们不得不承认德国的足球文化建设已经全面深入人心，而且是从小开始培养的。

◎小小马拉松是孩子体力上的一大挑战

除了课后的足球活动，学校也会用各种方式训练孩子的体能。小K在读小学一年级的时候，有一天他回家后告诉我："妈妈，我们今天去跑步耶，从学校的门口开始跑，跑了好久，绕了整个Klotzsche，好累喔。"（Klotzsche是我们居住的区域名称）说得轻松，但这样的区域，光是走路绕一小圈就得花上一个小时，而他们居然是跑完的！

我曾听说德国小学重视体能训练，没想到在开学的第一个学期，就让我见识到了，学校让孩子们跑小小马拉松！惊呼！

我们是住在德累斯顿市郊的一个小区，从有这个小区开始，到现在已经有七百年的历史了。以前是个小镇，现在已纳入德累斯顿市的范围。这个区域说大不大、说小也不小，学校居然安排孩子们绕这个区域慢跑，这不就是马拉松吗？

他们用了一早上的时间，能跑全程的就跑全程，如果体力不够好，走回学校也可以。他们才小学一年级就跑迷你马拉松，真是好厉害。这要是台湾的孩子，走一走就嫌累了，怎么可能跑完这样一大圈呢？所以这是对孩子们体力上的一大挑战。只要把身体锻炼好，就不用担心经常生病，学习上也会更有精神了。

◎每个孩子都会去森林里健行

除了跑跑马拉松，德国孩子也经常在森林里健行。由学校组织的是每个月一次，通常会安排在这个月中的一天下午，用三到四个小时的时间，由老师带队到森林里去健行。

健行活动当天上学时，孩子要带一些点心、水，然后再带着可防寒、防雨的夹克或雨衣，跟着老师、同学们一起到森林里去玩耍。

老师会提醒大家：在森林里健行过程中必须注意哪些植物？在保护自己安全的同时可以认识哪些小动物？老师还会和大家讲一些关于森林的小故事等。就这样边走边玩，孩子们一点儿也不觉得累，而且还觉得很好玩。无形中他们也练就了一身好体力。即使有时孩子们都被雨淋得一身狼狈，但也丝毫不减他们游走森林的乐趣。

◎每个孩子都要成为小小骑士

在德国，会骑自行车可以说是孩子们必备的一项运动技能，而且没有人到了小学还不会骑自行车的。德国孩子从一两岁会走路之后，父母便为他们购买第一辆脚踏车——也就是一种没有踏板的脚踏车（大多是木头制的车身）。为什么脚踏车不需要踏板呢？据德国人的说法，这种脚踏车是用来训练孩子平衡感的，他们可以用双脚代替踏板，自由地在公园、步道上到处走，等到已经很熟练了，踩上真正有踏板的脚踏车，孩子就马上学会骑车了，而且一点儿也不害怕。

到了小学，每学期还有一堂课，是要求孩子骑自行车到学校。这一天是由ADAC（德国道路救援单位）来帮孩子上交通安全课，教导孩子骑自行车时，如何遵守交通标志、规则，而且最重要的是一定要戴安全帽。

近年来在台湾也流行骑自行车健身，这是非常好的运动，但是自行车道的规划稍嫌不足，只有某些地方可以安全地骑行，一旦上了马路就得“与车争道”，险象环生。

在德国到处都有专属的自行车道，孩子自己骑自行车上下学也都很安全。而且这项德国人必备的运动，除了可以亲子同游之外，在天气好的假日里，老师也会组织全班同学和家长一起到户外骑行游玩呢。在小K刚上三年级时，他一天就可以骑上四十公里了。

◎游泳似乎也是德国人的必备技能之一

我记得那时小K还在上幼儿园，每周四老师都会带着孩子们搭公交车去游泳。而且非常特别的是，带孩子去游泳之前，老师会要求家长交一张“医生证明书”，证明孩子是可以下水游泳、没有问题的。老师们担心孩子小或因疾病不宜下水，所以父母亲必须带孩子到医院先做健康检查开证明。虽然有些麻烦，但这也是幼儿园对家长和孩子负责的表现。只要是孩子通过了健康检查，就可以跟随着老师去游泳池玩水了。

到了小学二年级，小K会在每周的体育课开始前去上游泳课，整整上了一年。

关于游泳课，孩子们是从玩水开始，等到他们渐渐不害怕水了，老师才会教授基本的游泳方式，从十米、二十米开始……虽然孩子们在学游泳方面花的时间很长，但是每个孩子都很坚持，而且也变得喜欢游泳。

洪兰教授在她的著作中讲到："二〇〇四年一份由小儿科医生和认知科学家等组成的团队，对学童健康做了一个评估，发现一周只要运动三到五次，每次三十到四十五分钟，就能大大提升孩子记忆、注意力和教室行为的正向效果。"

德国人似乎早已完全落实了这些原则，他们让孩子们尽情地玩，尽情地锻炼体能。他们相信，孩子们有了好的体质，学习也必然会更有效，而且还会更上一层楼。

小K妈的悄悄话：

- 体魄是很重要的。健康的身体，是学习的基本条件。
- 帮助孩子保持适度运动的习惯，也是给孩子一生受用不尽的礼物。

12 小K的母语教学是一项艰巨的任务

截至目前，可以说小K主要的成长过程是在欧洲。因此，他的中文学习，完全来自我这个妈妈的母语教学。我必须把小K的中文教好，我绝不希望他在说中文的世界里，是个文盲。

每次回台湾，朋友们总是会问我："你儿子会说中文吗？""你会不会担心他中文都忘光了？"……这些问题经常让我不知该如何回答才好。

小K当然会说中文，而且不会忘记。我和小K爸都是在台湾出生、在台湾受教育、在台湾长大，你觉得我们会在家里和孩子用其他语言沟通吗？想一想，在给孩子讲道理时，用英文或德文多累人呀！而且一定说得没有中文清楚吧！

小K是三岁半以后才到欧洲的，所以中文基础语言也算是有了一定的程度，只要不间断，并不会相差太远。但是中文的教学，并不仅仅只有听和说的部分而已，其实比较高难度的挑战是在“中文的读和写”。

截至目前，可以说小K主要的成长过程是在欧洲。因此，他的中文学习，完全来自我这个妈妈的日常教学。我曾经努力地思考，要如何让小K对于中文不排斥而且有兴趣，这是一个很难的挑战。

在苏格兰的时候，我对小K认字的要求并不积极，总觉得他还小，一直相信只要他不排斥中文，一定可以学得好。后来听到我们隔壁阿姨家（也是来自台湾）二儿子的“故事”之后，我就决定一定要让小K学好中文，包括听、说、读、写，一样都不能少。

隔壁阿姨家的二儿子，是在八岁时移民到苏格兰的，在苏格兰受教育，一直到大学毕业。因为他会说中文的关系，大学毕业后就找到了工作，被苏格兰公司派到台湾短暂出差，照理说他应该如鱼得水才对，但是实践证明他只会说会听，就是看不懂中文，以至于他在台湾出差时，连点菜、认路都有很大的困难。

所以，我必须把小K的中文教好，我绝不希望他在说中文的世界里，是个文盲。然而在国外，母语教学是一项艰巨的任务。

在家中自己教，很容易和孩子有冲突、摩擦。大部分在国外长大的孩子，都认为中文不重要。因为在他们的日常生活里，用到的机会不多，因此他们在学习时缺乏兴趣。再者，学中文比起学英文难度更高，尤其是在书写时会比较有难度。实践证明：先学英文再学中文的孩子，多半对中文排斥感较大。如果这时花钱让他们到中文学校学习，一星期一两次，想必学习的效果也不是太好。

在我们所居住的城市德累斯顿，连说英文都快寸步难行了，怎么可能会有好的中文学习环境？加上德累斯顿大部分的中文教学，都是以学习简体字为主，而我则是希望小K先学繁体字。因为若是先学了简体字再学繁体字，会有较大的障碍，若是反过来，就容易多了。因此，最后我还是选择了自己教。

刚开始我并没有找到适合的教材，后来我自己想办法制作了字卡，通过玩游戏的方式，先让小K熟悉所有的注音符号后(台湾的中文学习方式，是先学注音符号，再用注音符号去拼音认字，而不是直接用拼音)，开始教他认识一些简单的字，然后让他用卡片里的字去拼凑词语，等他认识的字越来越多的时候，再让他开始写字、造词、造句。虽然速度极为缓慢，写字像画图，造词、造句也经常造得令人啼笑皆非……但是在小K回到台湾的时候，只要有注音，基本上他都可以念得出来，因此还算勉强可以跟上三年级的学习程度。

其实，在德国有很多外来移民，他们同样也有些母语学习上的问题，因此德国小学在课后的活动里，就有母语教学这一项课程。在学校中若是有五个以上的孩子有母语教学的需要，学校可以和外面的语言中心合作，请老师到学校来做母语教学。

我记得当时小K就拿了一张通知单给我，说老师问他需不需要在学校学中文，我给了否定的回条。几天之后，接到学校一位教职员的电话，问我："Kevin的母语是什么？越南语吗？"因为在德国的亚洲人，很多是越南人。

“不是，他说中文。”

“那他需要在学校学习中文吗？”

“不需要，因为他会说、会看、也会写。”

她还企图说服我一定要让小K去上课，她说，母语很重要。我当然知道母语很重要，但是学校所提供的课程，与我们的需求不相符合呀！最后我用“我是中文老师，我可以自己教”的理由婉拒了。

实际上，全校以中文为母语的，大概也只有小K了！这根本不符合学校的开课条件，因此开不成课。再者，老师教的是简体字，我不希望已经学了繁体字的小K有所混淆。但以那位教职员女士那么想说服我的态度来看，我相信德国人不但非常注重德语的学习，也希望在这里长大的孩子不忘本，也要有母语的学习。

这是一个很好的教育观念。老师不断告诉小K学中文的重要性，并且告诉他这是母语，一定要学好。即使是在不同语言文化之下，孩子的中文学习一直都是我的一项绝对坚持。

小K妈的悄悄话：

◆语言学习中，学习环境是最为重要的。

◆如果能营造一个母语的教学环境，在国外学习母语，应该也不会太难。

◆虽然这是一项艰巨的任务，但是只要父母亲在日常生活中不放弃母语沟通，孩子就一定不会放弃。

13 德国的确是个社会福利极好的国家

什么？小K的同学要被转到“小孩监狱”去了？原来，那是德国的育幼院，专门收容失去双亲的孩子，而且，孩子的生活、学习花费，全由政府埋单。

有一天，小K在上学途中跟我说：“妈妈，我们班上新转来的那个同学玛莉亚，要到Kindereim去了”

“Kindereim是什么？”

“同学们说，是小孩的监狱。”

“啊！小孩的监狱？德国还有小孩的监狱，她犯罪了吗？”我很惊讶地问。

“Kindereim这个地方是不是少年感化院？”

小K说：“她没有犯罪。”“哎呀，我不会讲啦，反正她就是要去小孩的监狱啦！”事实上我相信小K也不知道什么是感化院。

弄清楚之后，我才知道小K所说的Kindereim是德国的育幼院。专门收容父母亲无法照顾或失去双亲的孩子，这样的孩子可以被送到育幼院生活及受教育。我不知道玛莉亚的家庭出了什么样的问题，只知道她才从别的学校转来不久，现在又即将离开。她接下来的生活、学习花费，全由政府埋单。

德国政府的确在孩子的教育上投入了许多费用。只要是合法的居民，包括像我们这样——小K爸在这边工作，我们又长期居住在这里，所以孩子上了小学之后，一直到最高学历（不论是念到博士毕业或是高中毕业），所有的学费均由政府支付。

除此之外，每个月还可以领到一份Kinder Geld（孩子津贴），约一百五十四欧元，以现在的汇率来换算，大约相当于一千四百多元人民币。由于德国政府鼓励生育，许多人依靠这份津贴已不够养活一个孩子，后来津贴涨到一百六十四欧元，到2010年，则已经涨到到一百八十四欧元，孩子的衣食生活可以得到充分的保障，孩子才能安心认真地学习。

德国的生育率极低，在世界上低生育率的国家排名中亦名列前茅，因此德国政府不仅鼓励生育，还给予生育奖励。除了孩子出生后每个月都有两百五十欧元的补贴，在第三个孩子出生后，新生儿的父母亲还可以拿到更多的生活津贴。

如果父母亲都上班，其中一人可以请假在家带孩子，并向政府申请，每个月可领Elten Geld（父母津贴）一千多欧元，为期约一年。这样可以让你安心在家带小孩，让小孩在幼小的时候得到完善的照顾，而且不用为生活烦恼。此外，在德国只要不是上私立的学校，除了午餐、书本费用和课后安亲班须自己付费之外，学费一律是全免的。有些学校甚至用经费买下教科书，用图书馆借阅的方式借给学生一学年，使用过后归还，连购买教科书的钱都省了，只需要购买一些练习本就够了，既省钱又环保。

对于学习上迟缓的孩子，在经过医生和老师的评估、与家长讨论后，让孩子转到特殊学校去就读。在这样的特殊学校中，教学的进度较一般普通小学缓慢，孩子也能得到更多的照顾，为的就是让这些孩子慢慢跟上学习进度，逐渐回到教学速度正常的学校就读。

在德国，由于一般的小学都在住家附近，若转到特殊学校，中间会产生额外的交通车费用，这些费用第一年由政府支出，也就是免费，第二年开始虽需要自付，但政府仍给予相当优惠的交通补助。

此外，部分患有先天性疾病的孩子，政府不但完全支付所需医疗费用，且提供一些额外服务。

有一个来自中国台湾，目前定居在德国的朋友，她的孩子有先天性疾病（她用德文说了一个很复杂的医学名称，我并不知道这是个什么样的先天疾病），从出生开始，就必须不断地接受治疗，并且每天需要人工导尿，无法自行排尿。

孩子还没入学的时候，妈妈可以在家自行为孩子导尿，但是上了幼儿园该怎么办呢？妈妈需要去工作，加上还有另一个孩子需要照顾，德国籍的爸爸则在外地工作，每周末才回来一次，要照顾这个每天必须导尿的孩子，十分辛苦。

上了幼儿园之后，医疗诊所派了一个护士，每天两次，按时到幼儿园帮助这个孩子导尿，一直帮助孩子到他可以自理的年纪为止。这些昂贵又贴心的医疗服务，全部都由政府埋单。

朋友感慨地说："如果我现在在台湾，你看我的孩子要花多少钱？并且我连上班都不能，还得要留在家里陪他。"

除了这些，德国人也尽量给孩子一个安静的成长环境，不要有太大噪声的环境，尽量接近大自然的环境，让孩子在自然的环境中成长，这样算不算也是一种福利呢？德国人训练孩子独立自主，政府也给予孩子周到的生活照顾，我相信他们在教育上花了很多很多的经费是很值得的。

小K妈的悄悄话：

◆德国是个社会福利极好国家，而相对的赋税也极高，但政府将大部分的税收和经费，花在儿童的教育、医疗上，这是很值得学习的地方。

14 可以不必念大学，但不能没有专长

在东方父母的观念里，无论如何都希望孩子念到好的大学毕业，才会有成就。德国人的思维方式，则认为拥有一个有保障的工作，才是最实际的选择，所以不见得每个人都会想去挤大学那一道窄门。

◎德国注重专业的教育制度

德国的技职教育，可以说是世界上做得相当彻底、完备的国家，所以德国的教育系统，也跟世界上大部分的国家大不相同。德国的教育系统，对于专业的训练十分讲究，因此在小学毕业后，孩子就必须选择将来要进大学或是接受技职教育的训练。

德国的小学，大多只有四年（只有柏林和布兰登堡是六年）。在这四年里，学习基础教育，最重要的科目是德语和数学。中学之后开始加入更

多的选修课程，到了八年级，学校老师就必须辅导和建议学生，开始选择自己的专业，所选修的课程会大有不同。若是以理科为主的学生，物理、化学、数学的课程比例会逐年增加；艺术、文史科的学生，历史、地理、文学、艺术的课程也会渐渐增多；基础通识教育在中学之后，慢慢朝着技职与专业的科目分别迈进。

【德国学生学制流程】

<table>
<tr><th>年龄</th><th colspan="6">德国教育</th></tr>
<tr><td>3</td><td colspan="6" rowspan="3">幼儿园（3年）</td></tr>
<tr><td>4</td></tr>
<tr><td>5</td></tr>
<tr><td>6</td><td colspan="6" rowspan="4">小学（4年）</td></tr>
<tr><td>7</td></tr>
<tr><td>8</td></tr>
<tr><td>9</td></tr>
<tr><td>10</td><td colspan="2" rowspan="5">主干学校/职业预校（5年）</td><td colspan="2" rowspan="6">实科中学（6年）</td><td rowspan="9">综合高中（9年）</td><td rowspan="9">文法高中/大学预校（9年）</td></tr>
<tr><td>11</td></tr>
<tr><td>12</td></tr>
<tr><td>13</td></tr>
<tr><td>14</td></tr>
<tr><td>15</td><td rowspan="3">职业学校（3年）</td><td>主干续（1年）</td></tr>
<tr><td>16</td><td rowspan="2">职业专门学校（2年）</td><td rowspan="2">高级专业学校（2年）</td><td rowspan="3">实科续（3年）</td></tr>
<tr><td>17</td></tr>
<tr><td>18</td><td colspan="3" rowspan="2">专科学校（2年）</td></tr>
<tr><td>19</td><td colspan="2" rowspan="4">应用技术大学/高等专业学校（4年）</td><td rowspan="5">大学（5年）</td></tr>
<tr><td>20</td><td rowspan="4"></td><td rowspan="4"></td><td rowspan="4"></td></tr>
<tr><td>21</td></tr>
<tr><td>22</td></tr>
<tr><td>23</td><td colspan="2"></td></tr>
</table>

◎德国的升学制度

德国的升学制度十分复杂，连德国朋友都开玩笑地说："如果没有仔细了解，德国教育的升学制度复杂到有时连我们自己也搞不清楚！"虽然是玩笑话，也可从此得知，德国的教育系统的确是相当特殊且复杂的，但也因为如此，可以有更多的选择和不同的可能性。

德国国土幅员广大，全国总共有十六个邦（Bundesland）和三个特殊城邦（即首都柏林、不来梅、汉堡，这三个城市不属于任何一邦管辖，有自己的城市系统，类似我们所说的直辖市）。每个邦的教育年限、所用的教材不尽相同，如果要跨州转学，则需要针对孩子的德语程度进行测验检定。

虽然各州在教育方针和制度的小地方上不尽相同，主要的基本学制是一样的。简单来说，每个孩子一般是在六岁入小学，若有尚未准备好或是下半年度出生的孩子（德国人常会问：你是"夏天的孩子"还是"冬天的孩子"呢？通常冬天出生的孩子，会晚一年入学），就在七岁入学。小学读四年后毕业，毕业之后进入中学就读。

德国的中学基本上区分为：文法高中（Gymnasium）、实科中学（Realschule）、主干学校（Hauptschule）三个等级，而入学的标准则是在校的成绩表现。此外，某些邦中，还有一种综合高中（Gesamtschule），学制三到七年，视不同形式而定，是改革传统中学三分学流的产物，目标在于为所有学生提供均等的教育机会与适当的学习环境，让个体的特质、能力充分发展，避免过早分化与决定，给予学生更为多样化的课程选择。

小学成绩（级平均在一、二）最好的学生可以进入Gymnasium就读，从五年级一直念到十二年级或十三年级，为期八到九年，根据所在邦之具体规定而不同。①

由于德国的文法高中（Gymnasium）具有大学预科的性质，也就是为进入大学做准备，因此必修与选修课程均再各分成基础课程（Grundkurs）及专长课程（Leistungskurs）两类，必修课程分为语言、文学、艺术、社会科学、数理、科技、宗教、体育等。选修课程通常就是为了大学各专业的基础课程或是入门课程。学生必修两门以上专长课程，其中一科必须为语文、数学或自然科学。

文法高中（Gymnasium）毕业的学生，和中学成绩好的学生，可以直接申请进入大学，成绩不够理想的，可以参加会考（Abitur），学生可以依会考的成绩单来申请想要念的大学，而高中会考的科目，共有四个：除了两门基础课程之外，还有必修的两门专长课程。

大学若能拿到Diplom（大学文凭的学位证书）授授予学士学位，但一般大学毕业即授予硕士学位，拿到硕士学位后可以继续攻读博士。这是一路念书顺利的学生基本的升学通道。②

---

① 德国给分的方式不是以A、B、C、D为等级，而是有1～6个级别。成绩1和2，是表现很好；3、4，则表现平平；而若是成绩5或6，就表示学习成绩很差，老师会建议是否需要留级重读或是特别加强。

② 德国高等教育依据一九七六年《联邦高等教育基准法》（Bundes hochschulrahmen gesetz，HRG）放宽高等教育机构的认定范围，将所有具有Hochschule之名的学校都概括称为大学，而高等教育人口也在社会大量需求下迅速扩充。目前德国高等教育人口约172万，占19~26岁人口中的33%，分布在四所综合大学、90所大学、6所教育学院、16所神学院中，这四类机构是真正具有大学地位的高等教育机构。此外尚有46所艺术学院、146所专门高等学校和30所公共行政专门高等学校。

这些机构相当于中国专科学校与技术学院之间，与大学同样授予学士学位（Diplom，Magister），但其学位比大学所授予相同名称的学术地位低。（资料来源：维基百科）

小学成绩较差一些的学生，可以申请到实科中学（Realschule）就读，从五年级到十年级，为期六年。实科中学（Realschule）毕业之后，可以依成绩申请进入高等职业专科学校，若是实科中学（Realschule）的学生想要进入大学就读，可以自动再留校一年，准备会考，若是会考成绩理想，也可以申请进入大学。

小学成绩最差或不爱念书的学生，可以进入主干学校（Hauptschule），从五年级开始，念到九年级或十年级，毕业后可以申请到职业学校学习一技之长，职业学校毕业后即可直接就业。

当然除了成绩之外，家长的态度也是占了举足轻重的位置。有些家长认为他们的孩子虽然可以达到2以上的成绩，但念文法高中（Gymnasium）对孩子来说会过于辛苦，因此有些家长就会让孩子到实科中学（Realschule）就读。

当然，念实科中学（Realschule）的学生，若是成绩优异，不想直接念技术教育或科技类的高等职业专科学校，也可以在实科中学里多待一年的时间，准备会考，再以会考的成绩，申请大学。很多德国人认为这样多一种选择的机会，也不至于太差。

而且念高等职业专科学校的学生，到了毕业前一年，多半要到企业去实习，有微薄的薪水收入，但是也必须由实习企业的企业主给打成绩。

表现优秀的人，毕业后甚至可以接到企业的聘书，聘用到所实习的企业工作，因此反而有很多德国人认为，这比念到大学毕业更有职业上的保障。

在东方父母的观念里，无论如何都希望孩子念到好的大学毕业，才会有成就。德国人的思维方式，则认为拥有一个有保障的工作，才是最实际的选择，所以不见得每个人都会想去挤大学那一道窄门。

主干学校（Hauptschule）毕业的学生，在毕业后不见得可以申请到高等职业专科学校，这时他们就可以找一个有兴趣的职业，到职业训练所去受训，视职业的不同，受训结业的时间也不一。职训结业后会得到该项专长的证书，凭着证书，可以去找工作，也可以自己创业。职业训练所的职业种类繁多，有学习盖房子的、制作面包的、美容美发的、电车公交车驾驶技术的……大多是以手工业和制造业为主。

总之，德国人认为即使书没念好，还是得为自己找一条谋生的出路。而对于失业率总是偏高的欧洲，德国政府对技职的辅助和补助，总是不遗余力。因此，除了好的学历，在德国受过职训结业后会得到该项专长的证书，也是有助于将来职业生涯发展的。

小K妈的悄悄话：

- 国家越进步，专业的分工也就越重要；未来的市场，越有专业能力就越有竞争力。

15 每个孩子可能多少都有一些音乐天分

小K当初想学琴，是因为欣赏喜爱的音乐家。现在，则是因为自己真正体会到了学琴的乐趣，所以有了持续下去的动力。

在德国，虽然不像奥地利满街都是音符，但四季都有音乐会可以欣赏，不论大型的、小型的、只要你想听，几乎都可以找到很不错的音乐会。

◎学习兴趣不会因生活环境改变而改变

小K从三岁半开始练小提琴。千万别误会我，不是我要他那么小就练才艺，是他自己要求的，我向来主张孩子要快乐地学习，绝不可能逼着小K做他没兴趣又觉得痛苦的事。

很多人觉得小K不可思议，居然三岁半便自己要求学琴，我只能说，

▲ 小K在户外花园音乐会上 ▼

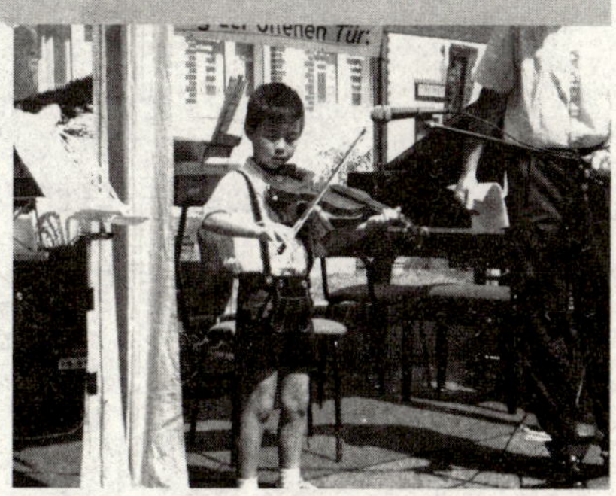

这就是带着他从小逛世界的“后遗症”。这么小就学琴，我真的很担心会不会妨碍他的身体发展：小提琴不是要歪着脖子拉的吗？这么小的孩子就“歪脖子”会不会不太好？但是小K很坚持，我也只好让他去试试看，心想，也许过不了多久他就会没兴趣不学了。而一开始的代价，就是我也要跟着学。哎呀，现在的我可真命苦，三十多岁才开始陪小孩练琴，其中的心情真是一言难尽啊。

刚开始的时候，一个礼拜上一堂课，每次一小时，前半小时是小K上，后半小时是我上，我还特地去租了一把小提琴，搞得自己真的像个音乐家似的。最初，其实是没有什么进度的，一个三岁小孩要看懂音符，想想就知道，真的是很困难。可是他偏偏又最爱莫扎特和约翰·施特劳斯（其实也只认识这两位），而这两个音乐家就是拉小提琴的！

记得在台湾时，被老师要求先练习“夹琴”，小K学了三个月。接着我们举家搬到苏格兰，也因此中断了小K的小提琴学习。“反正也不是要当音乐家，晚几年想再继续也无妨。”我心里是这样想的。

后来到了苏格兰，我们虽然千里迢迢随身带着他八分之一（指小提琴的规格，目前最小的是十六分之一）的小小提琴，然而却没有继续学的机会。没多久又移居到了德国，一入国际学校没多久，就有了学小提琴的机会，我问小K有没有兴趣继续学，他点点头。我马上让他继续了，但是心中还是很怀疑他的意志是不是真的这样坚定。

在德国，小朋友学才艺是签“年约”的，当然，他们会给你一个月的“试学”机会，看看你是否要继续才签约。一旦签了约，就是一年，即使你半途而废，也必须将一年的学费全部奉上。而下一年度的合约，如果没有在三个月前通知老师和音乐教室，就表示“自动续约”。

果然，签约后几个月，小K就开始“露出马脚”了。小K告诉我，他不想学了。

“为什么？”我问他。

“因为拉小提琴太累了，我想换学钢琴。”根本是逃避。

我问他："当初是不是你自己要学的？"他点点头。

我又问："我有逼你学吗？"

"没有。"大概怕被我骂，回答得比蚊子还小声。

"你喜欢小提琴吗？"

"喜欢，可是太难了。"对于自己的懒惰他倒是很诚实。

"有什么事是不难的？"我告诉他，"你可以考虑一下，学完这一年，下一年还要不要学。如果你决定不学了，我没意见，但是请你以后不要再跟我说你要学乐器。因为每一样乐器都很难，我不希望你学学这个，学学那个，最后一个都不会。如果是这样，不如都不要学。你自己决定的事，自己想清楚就好。"

过了几天，大概想通了吧，小K又跟我说他想继续学。就这样，小K持续学着他的小提琴，一直到现在。

后来因为转学了，所以每个星期，我必须带小K搭来回两小时的电车，到老师家学半小时的琴（德国人认为这么小的孩子学琴时间太长，无法专注。所以在德国，小孩子学习乐器都是以半小时为单位的）。

现在他渐渐有了信心，也拉出了一些兴趣。我想，小K对音乐可能多少还是有一些天分，刚开始他每天至少练习五分钟，一点一滴地慢慢进步，现在他已经可以自己练琴三十分钟以上了。虽然进度很慢，但是他也渐渐体会到拉琴的乐趣，这与他三岁半时决定要学小提琴的"心态"大大不同，当初想学琴是因为欣赏喜爱的音乐家，现在，则是因为自己真正体会到了乐趣，因为真正喜爱这件事，所以有了持续下去的动力。

除此之外，我认为让小K想持续练琴的重要理由还有一个，就是他喜欢音乐会。在德国，每一季，每个音乐老师和音乐学校都会办音乐会，让这些学琴的孩子有上台表演的机会。音乐会有大有小，他们都办得非常认真，但不评分，因为这不是比赛，只是让孩子拥有一个属于自己的音乐会，甚至在学校，老师也会经常为小K找寻表演的机会呢！用这样的方式鼓励孩子，更能让孩子有持续学习的动力。

◎森林里的夏季音乐会

提到音乐会，令我印象最深刻的，是在森林里举行的一场夏季音乐会。

小K的新老师是波兰人，是在德国修习音乐的学生，她暑假通常就回波兰去了。在放暑假之前，她告诉我，音乐学校要办一场例行音乐会，发布大家的学习成果。而这次音乐会的场地是在一座蓊郁的森林里，森林里设了一个大舞台，所有的表演者必须上台表演。

我和小K从我们家搭车前往，大约用了四十分钟。在到达森林入口处时，看到地上有音乐学校自制的“脚印”，可以带领我们来到音乐会场。经过仔细观察发现，这场音乐会简直就像一个“游园会”，台下除了有观众席，还搭上了遮阳伞，旁边还有卖香肠、卖饮料的小摊位。

让我们可以一边听音乐，一边饱餐一顿，还可以到附近的森林里散步，享受夏日的乐趣，舒缓压力。我和小K玩得都很开心，音乐学校组织的“学习成果发布会”真是让我们大开眼界呀！

▲ 森林里搭建的音乐舞台 ▲

◎教堂里的冬日音乐会

还有一次，在圣诞节前夕，小K的老师在一座教堂里办了一场音乐会。表演者是这位老师的所有学生，十分热闹。教堂外面是寒冷的冬天，教堂里面却是暖意融融。

孩子们把平日里的学习成果，借助这样的小小音乐会发布，既满足了孩子们的表演欲，也让他们收获了在陌生人面前表演的勇气。

在德国，孩子们学才艺、学音乐等完完全全是因为兴趣，仅有少数人，是将来想念音乐专业的。因此这样的音乐会，每个城市的角落都有，音乐成为一种休闲、自娱娱人的途径，学琴的孩子不见得要参加比赛，但是他们需要展示的舞台。所以德国人总是会给孩子们提供展示和表演的机会，我觉得这样真好。

小K妈的悄悄话：

◆音乐可以陶冶性情，至少欧洲人都如此认为，并且身体力行着。

◆虽然没有办法让每个学音乐的孩子都成为音乐家，但是却可以把他们变成有品位的鉴赏家，不管他们会不会弹奏乐器。

德国双轨技职教育，造就了德国工业的基础

- 德国教育体系中最有特色的理念是“人人都有专长”“实事求是”和“学以致用”，行之百年的“双轨技职教育”就充分地展现了这些理念。
- “双轨技职教育”简单来说，就是结合公立学校的资源和企业提供的实习岗位，帮助18岁以下的年轻学子们，能够在学科之外有实习操作的经验。通过了解工作的内容，探索自己的兴趣，同时也培养专长，在未来能够顺利找到符合兴趣又能谋生的职业。
- 台湾近几年来开始实施的“建教合作”，就是参考德国的这套制度。
- 两到三年的时间里，孩子们每个星期有两天在职业学校学习理论和专业知识，例如“语言、社会、艺术、体育”等基础课程，剩下的三天则是在企业通过“师傅”的引领，在实际模仿和操作的过程中，探索自己的兴趣，取得工作上所需要的技能。
- 这种“双轨技职教育”最重要的精神是——“学徒制”，希望学生能够从师傅的身上学到扎实的、马上就能应用的技能，通过检定后就可以直接进入职场。
- 另一方面，企业只要支付学生少许的生活津贴，就可通过这个渠道获得源源不绝的人力资源，聘用真正符合需要的人才。
- 受过“双轨技职教育”的人有了工作经验后，如果想升迁或转行，也可以返回学校继续学习。例如：从小家境清寒的德国前总理施罗德，就是先进入职业学校和私人企业学经商，工作多年后才进入大学念法律系，毕业后从政的。
- 我们的孩子拼了命地想挤进高中、大学，却常常出现毕业后找不到工作或是根本不知道该做什么的问题，而反观德国的教育，由于强调“学以致用”的重要性，所以才打下经济和工业稳固的基础。
- 因此，德国教育强调的“人人都有专长”“实事求是”和“学以致用”三个方面，的确值得我们老师和家长们深思呀！

Chapter 3 玩出生活大道理

你认识那些生活中塞满一长串课程、训练、课外活动的孩子吗？……如果让他们到那些美丽恬静的地方，例如：山际、海滨、乡野间度几天假，他们竟会不知所措。……他们不知道该如何享受自我，因为他们从来没有时间学习独处，这会让他们难以面对成年后的生活。他们无法放松自己，因为从来没有人教他们该如何轻松度日。

01 德国小孩七点就要上床睡觉

晚上八点，聚餐结束，我们带着孩子去看表演。没想到售票员说："表演要到晚上十一点半才结束，对八岁的小孩来说，这个时间上床睡觉太晚了，所以不能卖给小孩票。那么两位大人还需要吗？"

生活习惯是影响一个人一生很重要的环节，而在德国教育里，早早上床睡觉，是德国孩子的义务与正常习惯。

"你规定你的孩子几点上床睡觉？"很多妈妈朋友如此问我。

我记得自己小的时候，父母亲通常规定我们九点上床，但是德国小孩的"法定睡觉时间"，竟然是——晚上七点！！

"什么？七点？我没听错吧？爸妈都还没下班！"

"饭都还没吃完！"

"上安亲班才刚回家，就要睡觉啊？"

"作业都还没写完！"

“天都还没黑，怎么睡？”

……

当听到德国小孩的“法定睡觉时间”时，台湾的妈妈们都会满脸狐疑，并发出了一连串的疑问。

没错没错，你没听错，德国小孩除了婴儿，都是七点钟上床，而且一般的父母亲都执行得蛮彻底。这是怎么办到的呢？通常我们要求小孩早点上床，可总是会拖拖拉拉，即使小孩上了床也还要玩上一会儿，很难让他乖乖“就范”。为什么德国小孩七点钟就可以上床睡觉呢？

这与德国人的作息习惯有很大的关联。

很难想象，在欧洲日照偏长的夏天花园里，最晚到七点半，就没有小孩的踪影了。而在家中若没有特别重要的事——像聚餐、足球赛……大人们在九点到十点半之间就上床睡觉了，因此小孩自然也就更早上床睡觉。

再者，德国人的晚餐大多是简便的冷食，有基本的面包、火腿、生菜色拉就可以了，不必因为准备晚餐而煞费周章。通常孩子放学后就吃点心，甚至直接将放学后的点心当成晚餐，所以吃晚餐的部分很快就解决了。

一般晚餐后要洗澡，但是德国人不是天天洗澡的。因为天气干燥，如果天天洗澡皮肤很容易出毛病，因此他们大多洗洗手，两三天才洗一次澡，冬天还有一周洗一次的呢！节省了很多琐碎的时间。

而小孩最爱看的卡通节目，每天也只放映到七点半就结束了，大一点的孩子八点钟看完儿童新闻，也算是比较晚的上床时间了。久而久之，孩子们就养成了早睡早起的习惯。

◎晚上的演出，售票员竟然不售卖小孩票

来说说让我印象最深刻的一个例子。

有位朋友带着孩子从台湾来拜访我们，那天不是周末，因为行程的缘故，朋友只能停留一天，于是我们一起到意大利餐厅聚餐，一直到晚上八点。

晚上八点了，全餐厅只有这两个“违规”——两个还没有上床睡觉的小孩。就在进餐厅之前，朋友说晚上想要看一个表演，于是我们一起到旅游中心去买票。

朋友问售票员：“请问有今天晚上这个表演的票吗？”

“有的，八点半开始，你要几张呢？”售票员问。

“三张，两个大人、一个小孩。”

此时售票员看了一下站在我们身旁的孩子，说：“孩子几岁呢？”

“八岁。”

“对不起，我无法卖给你小孩的票。你们要不要找个保姆在家帮你们带孩子？然后再来看表演？”

我和朋友当场愣在那里，朋友随即问道：“这个表演小孩不能看吗？节目单上面并没有年龄的限制呀。”

售票员很有耐心地、慢慢地说明：“这个表演小孩是可以看的，并没有年龄上的限制，但是表演要到晚上十一点半才结束，对八岁的小孩来说，这个时间上床睡觉太晚了，所以不能卖给你们小孩票。那么两位大人需要吗？”

原来如此！这是德国人售票的规定。这个表演的确没有年龄限制，是普遍级，但是却有关德国孩子“法定睡觉时间”的限制。德国人就连来旅游的小孩几点上床睡觉也都要严格执行规定，真是太不可思议了！

最后，也只好遵守相应的规定，放弃晚上带着孩子看表演的念头。想想我们台湾的孩子，七点多才刚刚上完补习班、安亲班回家，怎么可能在这个点上床睡觉呢？但是在德国人的生活习惯里，根本没有父母亲会让孩子那么晚还没上床睡觉的。

◎念书和吃饭一样是必需的，但是不必拼命

关于七点上床这件事，我也曾问过瑞士朋友：“你们瑞士的德语区是不是也有这样不成文的规定？”瑞士朋友回答：“你家小孩半夜不睡觉，是你们做父母亲的事，其他人才不会管你这么多！”

但是在德国，连小孩的上床时间，售票员都要搞清楚。所以，我们也只能入境随俗，小孩子虽然不是七点就上床，但是在看完儿童新闻之后，八点钟，也就早早地吹起熄灯号了。

其实德国人即使不是很早上床，也都早早回家，尤其是有家庭之后（至少我们的邻居、小K爸的单位同事大都是如此）。在我观察中发现多数的德国人是很有家庭观念的，有了孩子之后，他们会把多数的时间献给家庭，下班之后就是自己的家庭时间，爸爸会回家吃晚饭，有的家庭还是爸爸回家煮饭呢！所以他们对小孩的健康和作息时间高度重视。

上pub（酒吧）聚会的活动……也只是偶尔为之的调剂，而这也是必须

有人晚上帮他们照顾孩子才可以办得到的。我认识的邻居和朋友，都属于“正常家庭”，因此家家都彻底执行孩子早早上床这个规定。

德国的孩子没有权力抗议“早睡”这件事，因为这是小孩必须遵守的规范，没有人可以例外，这也是一板一眼、没有商量余地的德国作风。如果想要晚点睡，唯一的方法就是快点长大，等到成年之后，就可以决定自己要几点上床睡觉啦！这一点，德国孩子在懂事以来都很明白，知道父母亲绝对不会为这件事妥协的。

对德国人来说，成绩好不好因人而异，也不需要每个人都成绩好。想不想念书、会不会念书，是每个人都不一样的，重要的是要有一技之长，将来有饭吃。德国人认为念书和吃饭一样是必需的，但是不必拼命。一路念到博士是个人的造化，能够有和别人进行团队合作（mitarbeiten）的能力，才是最重要的。

孩子有多个方面的选择：运动神经好的，可以进运动专门的学校；歌唱得好的，可以进音乐学校；有舞蹈细胞的，可以进入专门的舞蹈学校，等等。在德国任何一行更需要的是专业，而不只是学历。如果以收入来论念书的好处，一个优秀的水电工，有可能比大学毕业生的收入来得还要多，因此能不能有好的工作和专业技能，是比较重要的。

在德国国内，也有越来越多因为没拿到文凭而产生的失业问题，但是他们始终并不特别强调念书才是唯一的出路，因为每个人有自己选择的适合的路。

而东方的父母大多太过紧张。东西方最大的不同，是西方人总认为，

孩子的未来是要让他自己去思考，不是父母帮他决定。所以东方父母为孩子想得太多是不是一件好事，这是个值得深思的问题。

德国人也认为可以跟孩子好好相处，珍惜与孩子共度的时光，比孩子会不会念书、能不能出人头地更加重要。德国家庭多半不会牺牲家庭的时间，让孩子埋首课业，因为比起担心孩子以后有没有高学历，他们认为亲子互动来得更重要。

德国孩子每天上课的时间只有半天，所以不需要到三更半夜还在念书不睡觉，他们认为这样明天体力会更差，无法吸收新的知识，而且会陷入作息不正常的恶性循环。因此，只有在放暑假的夏夜里，直到八点多天黑之前，还偶尔能听见小孩在花园里的嬉闹声，其他的日子，孩子们在七点半之前，都已进入梦乡了。

这是德国人教养孩子的坚持，无论如何是不能妥协的。孩子们也知道，这就是他们的本分，从小小的生活习惯做起，以后就会养成良好的习惯。

虽然从这里能看出德国人的一板一眼，大家都得要彻底执行，但是想想，让小孩早点上床睡觉，除了有益健康，大人也能够有多一点自己的时间，不是很好吗？然而在台湾，这样的生活作息时间，是比较难以实现的，双薪家庭属于普遍情况，孩子课业又竞争激烈，七点钟上床，应该是天方夜谭。但是，如果能够试着让你的孩子也拥有早点上床睡觉的好习惯，那么孩子自然会因为有了充足、良好的睡眠，在学习上也就更能事半功倍了。

因此，对于我们东方父母亲来讲，孩子上床睡觉的时间可以不是七点钟，能在九点前上床睡觉就已经是很难能可贵的了。

小K妈的悄悄话：

◆养成有规律的作息习惯，是培养孩子良好睡眠习惯的开始。

02 重视传统节日的德国人

尼古拉斯和圣诞老人有何不同？其实我也不知道。两者的分别，众说纷纭，但可以确定的是，两者孩子都喜欢，都期待因他们而来的节日，他们给孩子的童年是一个美丽的传说，虽然从来没人看见过尼古拉斯。

从某些角度来看，德国人其实是很保守的，虽然科技发达，但是生活方式和教育形式，仍然完全脱离不了传统的范畴。所以，每个季节、每个节庆，都融入在人们的生活和教育中被重视着。德国人认为，这意味着传统与传承。

◎尼古拉斯日（Nikolaustag）

这大概是居住在德国的孩子们，圣诞节前最兴奋的节日了。每年十二月六日这一天，德国有个有意思的传统，就是小孩必须在前一晚上睡觉前，把自己所有的鞋子都清理干净……来无影去无踪的尼古拉斯，就会在夜里，把糖果送给把自己鞋子清理干净的小朋友。因此每个孩子在这一天，都会“突然”变得特别勤劳，卖力地把自己的每一双鞋子都擦得光洁如新，因为大家都想得到尼古拉斯给的糖果，所以许多小朋友在这一天都很兴奋，我们家的小K当然也不例外。

某一年的十二月五日下午一放学，小K就马上跟我说他要去把自己的鞋子擦干净。没多久，浴室传来水声。擦鞋要用水吗？走去一看，小K正拿着自己的靴子在冲水。我问他：“擦鞋子为什么要用水冲？”

“用水冲比较干净啊。这样尼古拉斯会给我多一点糖果。”小K理所当然地回答着。还好靴子是防水、防雪的材质，在他还未把靴子里面弄湿之前，我适时地阻止了他，让他用湿布擦就好。

擦完之后，我去看他的鞋子，果然每一双都还蛮干净的，连鞋底都擦过了呢，真是认真！

“今天早点去睡，尼古拉斯才会赶快送糖果给你。”

“好。”小K二话不说地答应了。咦？平常没三催四请绝不肯乖乖上床的小孩，怎么变得这么好商量？不用说，当然是为了要尼古拉斯的糖果。

第二天一早，我才起床，正在厨房准备早餐，发现身后有一个人影，“咻”的一声跑过去，原来小K已经自己起床，直接跑去看鞋子里有没有糖果了。

“真的有耶！好大一包喔，都是巧克力！”小K拿着糖果兴奋地大叫。

“我以为你是骗我的。真的有耶！”小K高兴地跟我说。

这天上学前的准备工作比任何一天都快，小K走路到学校的速度也很快。因为，学校里也有鞋子！前一天放学的时候，老师早就嘱咐过他们把鞋子刷干净了。

一到学校小K就大声嚷嚷，说他拿到一大包糖果，他的同学羡慕地跑去告诉老师：“Kevin拿到一大包糖果，都是巧克力耶！”老师对他笑笑。我正巧在老师旁边，用最小的声音跟老师说：“Ich bin Nikolaus！”（我就是他说的那个尼古拉斯！）老师会心地笑着说：“Ich bin auch.”（我也是。）

是啊，在德国当小孩真幸福，大人负责花钱送礼物，小孩负责相信、快乐就好，糖果、礼物收到手软。当然在学校的鞋子里，每个人也都发现了Nikolaus的礼物——一包糖果和一包小玩具。而在放学后，小K和同学们庆祝尼古拉日的另一个“节目”才开始呢！

十二月六日下午四点，和德国朋友们约好要举办的“Nikolaus Party”，在另外一个地方展开。受到小K幼儿园德文家教老师安雅的邀请，我们到他们家一起过尼古拉斯日。

记得到德国之后，一直都听说这是个德国小孩很重视的节日，但是第一年小K在国际学校，当时老师在每个孩子的鞋子里放了糖果了事，一点庆祝的气氛都没有。毕竟是说英语的学校，对于德国的文化，仅如隔靴搔痒。

小K转入德国小学后，每个节日的气氛都热闹许多，也因为安雅的邀请，我们看到了德国人庆祝这一天的方式。

下午四点钟，我们准时到了安雅的家。为此我也临时现学现卖地烤了一个苹果蛋糕，一起带了去。原本以为只有我所熟识的两个家庭，没想到小K幼儿园的同学——费德瑞克，还有现在新学校隔壁班的同学卢卡斯，以及他们的兄弟姐妹们也都来了，顿时一屋子都是小孩。大的小的，还有小baby，真是热闹极了。

不等大人开始宣布，孩子们早就玩成一团，我数了数，有十二个小孩，还包含安雅家楼上的邻居，大家一起同乐。由于安雅是老师，因此招呼大家坐下来，开始一起“小小劳作”。

第一个劳作是“用水果做成的雪人”。这很简单，拿一个橘子和一个苹果，橘子在上苹果在下，用牙签串起来，接着在橘子上画上眼睛、鼻子、嘴巴，再加一顶红色的帽子，用白色棉花做成围巾，小朋友自己签上名就大功告成喽！

做好雪人之后，安雅把他们的作品摆在玄关的走道上，让进来的客人都可以欣赏一下孩子们的作品。接着剪星星，作为送给尼古拉斯的小礼物。我们大人呢，就喝着咖啡，吃着蛋糕，好好地享受一番下午茶时光。

“小朋友们都到客厅来！”安雅呼唤着玩成一团的孩子们。正当大家面面相觑不知道要做什么的时候，呵呵呵，尼古拉斯走进来啦！于是大家聚在一起唱Nikolaus的歌曲，然后尼古拉斯发巧克力给大家，当然在接受礼物之前，每个小孩都得回答他的问题喔……这一个小聚会，孩子们玩得很愉快，也让我们充分体验了德国节日活动的乐趣。

你一定会想问，尼古拉斯和圣诞老人有何不同？其实我也不知道。

我问小K，他说："Nikolaus的胡子比较短，Weihnachtsmann比较老，胡子比较长。"

是这样吗？Weihnachtsmann是谁？其实Weihnachtsmann就是我们所熟知的圣诞老人。有个德国朋友曾告诉我们，Nikolaus是看不见的，没有形象，他是小朋友的守护者，这一天会给把鞋子擦干净的孩子糖果吃。

而圣诞老人就是驾着驯鹿、飞在天空、从烟囱滑下来送礼物的那个人，是可以看见的。两者的分别，众说纷纭，但可以确定的是，小孩子都喜欢这一天，也都期待这一天。尼古拉斯节给孩子们的童年带来了美丽的传说，虽然从来没人看过尼古拉斯。

◎圣诞节（Weihnachten）

过完尼古拉斯日，圣诞节的脚步就会慢慢靠近，这是全家团聚的日子，就像是我们的春节。除了老师会教大家制作蜡烛，学校还会举办一个圣诞集市，你可以把自己家里不需要的东西拿出来拍卖，让你用不上的东西找到新的主人。所得的费用，将会用在学生身上，例如买些新书或添购其他必需物品，除了原本的教育经费，让学校有其他收入。

除了有趣，大家在快乐过节的同时，也落实了生活教育，学校会呼吁孩子们，把旧的玩具或书本、不能穿的衣物、鞋袜捐出来，学校会转送给需要的儿童。

◀逛圣诞市集

◎复活节（Ostern）

复活节一般在三月底四月初，象征大地回春，“兔子”与“蛋”，是复活节里最重要的主角。

在日耳曼人及斯拉夫人的语言中，“复活节”一词来自一个古代的异教女神——春季女神EOSTER（伊奥斯特）。根据这个传说所述，EOSTRE曾经救了一只在冬季被冻伤翅膀的小鸟，将它变成了一只兔子。由于它曾经是一只鸟，依旧保留了生蛋的能力，它便是后来的复活节兔子。而复活节彩蛋，是西方国家在庆祝复活节时，作为特别装饰的蛋，是复活节的象征性物品。据说能表达友谊、关爱和祝愿。传统上一般是使用经过染色的蛋类，现代则通常是使用蛋状的巧克力代替。

在复活节那一天，大人们会事先藏好彩蛋，然后由孩子们来寻找，因此学校在复活节前夕，会举办寻

▲ 自制圣诞蜡烛

找彩蛋、制作彩蛋的活动，而老师会把彩蛋藏好，让孩子们来玩找彩蛋的游戏。

在德国，节日是生活的一部分，备受重视。德国人在教育中，也不忘这些传统的传承与延续，在学校里，老师也会告诉大家过节的意义、节日的由来。也许德国人就是希望教育下一代，在生活更好、更进步的同时，也不要忘记传承的重要性吧！

▲ 彩蛋

小K妈的悄悄话：

◆虽然许多节日在现今生活中的意义，已不尽相同了，但是欧洲人还是比较重视他们文化传承。这也是如今我们在追求更好的教育方式之时，所不能忽略的一环。

03 从小就带着孩子走进博物馆

欧洲的孩子，从小小年纪就开始培养人文气息，不管懂不懂，就是从人文与艺术开始熏陶，不管他们能吸收多少，就是借此为孩子们开启一扇欣赏艺术的窗。

小K是个爱逛博物馆的小孩，我想除了因为他本身有兴趣，也跟我们家的培养有关。在小K很小的时候，我们每次出国都会带着他去参观博物馆。

为什么每次出国都会有带小K参观当地博物馆的想法呢？其实是一次我们在奥地利旅行时所引发的灵感。

当时小K还没有出生，我和小K爸到维也纳旅行。当我们走进维也纳的艺术史博物馆参观时，看到了一群可爱的幼儿园小朋友，五六岁的样子，让我感到不可思议的是，维也纳的幼儿园老师，居然带他们来艺术史博物馆看文艺复兴时代的画！这种形式的校外教学，让当时的我格外震撼。

原来欧洲的孩子，从幼儿园阶段就开始培养人文气息，不管懂不懂，

▲ 小K很喜欢参观小提琴博物馆

从人文与艺术开始熏陶。那些孩子有着稚嫩的脸蛋与真挚的眼神，他们在认真地听老师解说——瞧，老师还很认真地解说呢，不是只带孩子“看看”而已！不管他们能吸收多少，就是借此为孩子们开启一扇欣赏艺术的窗。

从那时候起，我就有这样的念头：我要让我的孩子将来也早早走进博物馆。这个想法也就从此深植在我的脑海中。后来，在小K三岁时就被我们带进博物馆旅行、穿梭。

没想到逛博物馆这件事，在我们自己执行多年之后，竟可以在小K上

▲ 小K总能在博物馆发现新鲜有趣的东西

的德国小学延续下去，而且在校外教学中被德国老师们彻底执行。

欧洲人文荟萃，参观博物馆是家常便饭的事，在每个城市甚至是小镇，都有各式各样的主题博物馆。我们所居住的城市，是德国东部的中型城市，由于过去历史的背景，这个城市的博物馆、古迹也不在少数。因此每隔一段时间，学校会有校外教学，每个学期会到不同的博物馆，然后再由老师为孩子们解释这些博物馆的由来、历史，如此小学四年下来，就几乎把整个城市大大小小的博物馆看遍了。

◎**在玩乐中学习到更多**

这样的校外教学，对孩子们来说是玩，但是在无形中，得到了很多收获。

尤其在德国，大众交通运输工具发达，大部分的校外教学，不需要租游览车，老师会带着孩子们使用大众运输交通工具，像电车（Strassen-

Bahn）、地铁（U-Bahn）、火车（S-Bahn）或巴士等，到博物馆参观，让孩子们也学习如何使用这些交通工具，减少开车以落实节能减排。孩子们也从这样一次次的校外教学中学习到很多，不只是知识，还有安全意识、所见所想等。

除了平日的校外教学，暑假里老师也喜欢带着孩子们到博物馆去逛逛。

我们所居住的城市，整个暑假都会提供Hort（安亲班）服务，家长们可以把孩子送到学校来，（Hort）安亲班的老师会为孩子们安排一些暑期参观或健行活动。参观博物馆也是暑期活动中很重要的一环。

印象很深刻的是有一年暑假，小K回来告诉我，他们去了一个地方看星星。

“是天文馆吗？”我好奇地问。

“好像是吧。那个建筑的屋顶是圆的，老师说，晚上从那里可以观察星星的变化。我们搭了公交车、火车……下车后又走了好久才到呢，是在一座山上。”小K显得很兴奋。

孩子们对于浩瀚的星空总是会充满着探索的兴趣。也因为如此，我才知道德累斯顿这个城市是有天文台、天文馆的，而且不在市区，是在约一个小时车程的Radburg小山丘上。之后，每每我们经过那布满葡萄园的Radburg，小K总是会兴奋地指着远方小山丘顶的天文台告诉我：“我们曾经在那里看星星。”这个博物馆让他印象深刻，也充满着他愉快的回忆。

每一次小K从博物馆回来，都会兴奋地描述他当天的所见所闻，所以我知道博物馆对他来说，有着许多的吸引力。渐渐长大之后，小K也开始喜欢逛更多各种不同的博物馆。

◎博物馆里的奥秘

虽然我们有的时候走进博物馆也只是走马看花，但是小K已养成了源源不绝参观博物馆的习惯。而我以前也仅仅刻板地认为，博物馆里全是静态的活动，后来却发现是因为我个人喜好的关系，进的都是静态的艺术博物馆，等到带着小K开始到各式博物馆游览的时候，才知道有些博物馆竟然也可以把无聊的知识设计得很好玩，吸引孩子的兴趣。

例如在奥地利的博物馆中，小K最喜欢的是维也纳的自然史博物馆、维也纳熊布朗宫的儿童博物馆（Kinder Meusem）、哈斯塔特的盐矿博物馆以及因斯布鲁克的施华洛世奇水晶世界。在维也纳自然史博物馆中，有早期出土的赛尔特人遗址、奥地利挖掘出来的恐龙化石等，可以让他花一下午的时间待在里面，东看西看，像刘姥姥逛大观园似的感到新鲜异常。

在熊布朗宫的儿童博物馆里，孩子可以体验当国王的乐趣，解说员为孩子们亲切地解释着奥地利最伟大的女皇玛利亚·特瑞莎（她是被送上断头台的玛丽皇后之母）的生平，告诉孩子们当时宫廷中王子公主们的生活，并且介绍十七十八世纪时的宫廷服装等，穿梭在一间又一间富丽堂皇的皇宫里，满足了孩子们对那个时代宫廷生活的想象。

从孩子们的眼神中，可以看出他们都在很认真地地聆听，想想这些故事如果换成是写在课本上的历史知识，我猜孩子们早已哈欠连连了。而在博物馆中，解说员把历史变成了故事，仿佛身临其境，又是另一番滋味，每个孩子都听得津津有味，还会提出问题呢!

而哈斯塔特的盐矿博物馆，则是深入地底。参观时要坐着当时开采盐矿的台车，深入到地下去看盐脉，并且了解为什么在这离海甚远的深山中，有盐矿的产生、当时的人们用什么样的方法来开采深藏在地底的盐矿等，小K从中获得了课本以外的有趣知识，到现在偶尔还会兴致盎然地说起这些博物馆。

◎我相信每个孩子都会爱上博物馆

二〇一〇年的夏天，我带着小K从台湾回德国原来的班级当客座学生，和久违了近一年的同学们一起，在同一个教室里上课。

出发前，小K问我："妈妈，上完课以后要回台湾之前，我们可以到慕尼黑玩几天吗？"

"慕尼黑？不是去年才去过？（二〇〇九年的秋天我们才带他去过一次慕尼黑）你这次想去慕尼黑做什么呢？"

"我想去慕尼黑参观博物馆。"

我问："你想去什么博物馆？"

小K回答："上次我们去了小提琴博物馆、埃及博物馆，又去了自然博物馆，这次我们可以再去一次或换成别的博物馆。"

"你对BMW（汽车）博物馆有兴趣吗？"

"有呀！那我们就去BMW博物馆好了！"车对男孩来讲，果然有一种

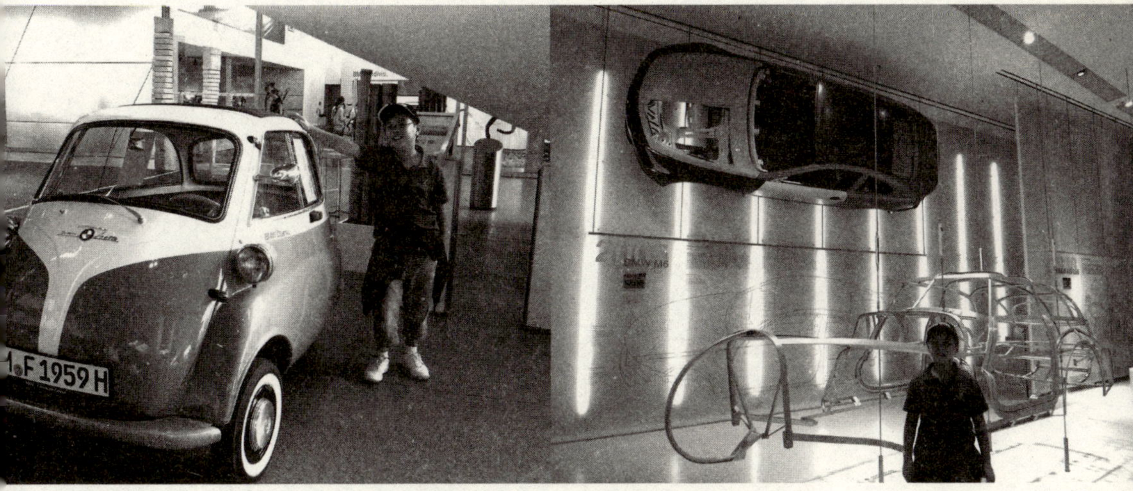

▲ 小K参观BMW（汽车）博物馆 ▲

无法抗拒的吸引力。

很多朋友也因为小K小小年纪就喜欢逛博物馆而感到惊讶。我还真觉得德国博物馆已经融入人们的生活，让人想一去再去。举例来说，我们这次拜访的慕尼黑德意志博物馆，馆内把各种有用的知识，转化为各种实验，用最简单明了的方式和语言，让孩子们了解物理、化学、历史、生态、地球、气候、星象、矿产、金属、航海、乐器、航空科技……各种包罗万象的内容都有，让你待在里头一天也逛不完。

我想，欧洲各式博物馆的作用，无非就是希望在校外教学中，引发孩子们更多的学习兴趣。所以，多陪孩子看看各种博物馆，说不定孩子们的学习动力、想象力、创作灵感，就是从博物馆的某个角落激发出来的呢。

小K妈的悄悄话：

◆参观了这么多博物馆后，我发现这些博物馆在我的脑海中竟然是“活的”，包罗万象，让人收获的不只是知识，还有更多的乐趣。逛博物馆这件事已经融入了我和小K的生活。我们喜欢在博物馆中发现更多，我相信每个孩子都会爱上博物馆的。

04 德国孩子的假期生活“无聊至极”

“你认识那些生活中塞满一长串课程、训练、课外活动的孩子吗？……如果让他们到些美丽恬静的地方，例如山际、海滨、乡野间度几天假，他们也许会不知所措。他们不知道该如何享受自我，因为他们从来没有时间学习独处，这会让他们难以面对成年后的生活。他们无法放松自己，因为从来没有人教他们该如何轻松度日。”

在小K放暑假的日子里，我喜欢坐在落地窗前，看着小区里的孩子们玩耍，他们经常成群结队，从这家玩到那家，再从那家玩到更远的那一家，或者总有几个孩子，默默地坐在地上发呆或画画，感觉很舒服自在。

我常想，为什么我们东方的孩子，无法玩得如此自在，为什么总是不断穿梭在一个接着一个的活动或学习课程里？其实，孩子们在暑假中参加各种夏令营、冬令营的收获，有时候并没有待在家里花园里玩得丰富呀！

◎**懂得安排时间的孩子，永远不无聊**

住在我们家斜对面的扬，比小K小两岁，是附近邻居中与小K年纪接近、也比较玩得来的男孩。他总是在放假的时间或放学的午后来按我们家的门铃。

“Monica你好！”扬很有礼貌地问我：“今天小K有空吗？我可不可以来你们家跟他玩呢？”

“当然好呀，不过得先告诉你的妈妈你在我们家，否则等一下他会找不到到你喔。”这是德国的“纪律”，孩子必须主动告知父母亲自己的去处。

“好。”然后就看见他咚咚咚地跑回家，三分钟后，他抱了一堆玩具就来了。

我经常会观察小K和扬一起玩耍的情形。有时候他们不一定会玩相同的玩具，大多数的时间是交换玩具，而且不冲突地玩着，一边玩一边聊天，有时意见相左了，就大声吵一吵，过一下就又恢复了和平。有时候，两个调皮的小男生，在我们家或他们家花园里，神秘地抓着一大堆蚱蜢、昆虫，观察、讨论，接着跑去找爸爸们问东问西，俨然自己弄了间自然教室般了不起。或者，搬了一大堆做实验用的玩具，把院子里的花草染成奇怪的颜色，接着还会一起开心地跑来告诉我，他们做了一个多么伟大的实验、树叶怎样可以染成蓝色等。

让我觉得很神奇的是：德国小孩总是知道怎样安排自己的时间。

有时他们在小区里，相约骑自行车，可以玩上一个上午；溜直排轮，可以溜一个下午；一个人一个足球，可以踢上一两小时；有时他们还会在花园里的小沙坑里专心挖一个下午的沙子；再大一些的孩子会捧着故事书，在草地上阅读起来；夏天里搭上一把遮阳伞，孩子会在伞下的家庭式游泳池里玩一个下午。

对德国孩子来说：拥有许多“空白”的时光是一种常态。

因为就算不放假他们也有很多“空白”，德国人不会安排孩子去上补习班，也不会因为怕输孩子在起跑线上，而安排他们学很多的才艺。这样就会让孩子从小学会安排自己的“空白时间”。

这种现象常让我在台湾的友人们大呼羡慕而且不可思议。有些人则认为这些小孩真浪费时间，我自己则认为这是东西方教育观念的差异，是一种环境的影响，大人们主动给孩子的自由空间。

对于我们短暂的一生来说，可以无所事事又快乐的时光，也应该仅有童年而已吧！如果站在孩子的立场想一想，你会希望他有一个怎样的童年时光呢？会希望他在永远无法停下来的学习环境下，度过童年吗？

在德国有很多父母亲是博士，但她们却不希望自己的孩子将来也是博士，反而让他们更自然、更自由地发展，有些还送孩子进森林小学。在台湾却有许多父母亲强烈希望自己的孩子将来是博士，或者念更多的书，将来出人头地。

我还深刻地记得有一位从北京来德国的朋友跟我说：“外国的孩子有

童年没成年。”我一直不太理解，这也是很明显的东西方观念差异。

德国人认为，每个孩子都有自己的人生，父母亲只能协助他们找到方向，没有权力勉强孩子。他们认为只有让孩子从小拥有自由的空间，孩子才会懂得如何为自己做决定，这样长大的孩子，也才能够真正主宰自己的人生。

◎孩子先学会独处，才能够思考更多

学会独处才能思考，很多德国人都如此认为。我想这也是因为善于留白，所以德国才出现了那么多科学家，如爱因斯坦、普朗克等；知名文学家歌德、海涅等；音乐家贝多芬、门德尔松……在德国的海德堡还有一条哲学家小径，因为有空白，才能思考更多的未来和方向。

至今德国的科学家们一共获得了超过60项诺贝尔物理、化学和生理医学奖。

当然在德国也有脑袋空空啥都不想的孩子，但是也因为他们什么都不想，所以做起事来格外专注，有时为了完成一件小小的作品，小小年纪的孩子可以几个小时都在做同一件事。在学校的游戏室里，总是堆满各式各样的益智玩具，成堆的积木，还有魁儡偶戏（Puppen），可以让孩子在课后的时间，不在外面活动的日子里，做些动动脑筋的事。

在一次聚会中，小K爸单位里的老板亚历山大听到我们说“台湾的孩子，经常要念书或补习到很晚才回家……”，他直呼不可思议：“花那么长的时间，这样真的可以全部读得进去吗？有办法一直专心在书本上吗？

在德国绝对不会发生这种事。”

亚历山大的质疑的确值得让人深思。我们从小就是这样念书念过来的，但是那么长的时间坐在补习班里、书桌前，真正吸收并融入脑子中的知识，我相信和念书时间不长的德国孩子比起来，应该相去不远。

如果是这样，为什么我们要让脑袋死记那么多东西，而不愿意多花一些时间用来思考呢？德国人很务实地认为，书要念进脑袋去，需要有时间思考，思考过的知识进入脑中，才算真的是自己的。

人的脑力有限，过度地使用，并不见得可以达到更好的效果。

我们认识一位来自瑞士的律师朋友，到日本作客时，看到他日本女友的弟弟，为了考上医学院，每天念书念到晚上一两点，直呼：“你们亚洲人真是疯狂，这样真的会念好书吗？我从小没有这样念，不到三十岁，现在也当上了合格的律师呀！”

现代人忙碌的生活过习惯了，一旦停下来，很多人不知该做什么，连孩子也是如此。

英国知名畅销书作家理察·田普勒（Richard Templar）就曾在他的书中写道：

“你认识那些生活中塞满一长串课程、训练、课外活动的孩子吗？……如果让他们到那些美丽恬静的地方，例如：山际、海滨、乡野间度几天假，他们将会不知所措。……他们不知道该如何享受自我，因为他们从来没有时间学习独处，这会让他们难以面对成年后的生活。他们无法放松自己，因为从来没有人教他们该如何轻松度日。”

▲ 在冬天里玩雪、堆雪人 ▲

忙碌的社会中，孩子也变得十分忙碌：英文课、才艺课……填满了下课以后的生活。一旦停下来，许多孩子反而会慌了手脚，直呼无聊，不知该做些什么。其实一些适度的课外活动可以让孩子有所收获，但也需要有一些孩子自己可以安排的“空白时间”。空白，有时也可以让孩子获益良多。

前几年在台湾有人提倡“慢活”，这是个好的想法，但是从小就没有习惯享受偶尔空白的生命，如何慢得下来呢?

在德国我看到的是：每个孩子感觉起来都“无聊至极”，但是他们却可以认真而且没有目的地去完成一件在我们大人眼中完全无意义，但他们却感到很重要的事。例如，在社区的马路上，独自一人把整条社区道路用

▲ 和同学一起享受下午茶，在草地上滚着玩 ▲

粉笔画成七彩颜色，完成后还签上名字，告诉你这是谁的“大作”，真是有意思。

这些孩子并不是只愿意和兄弟姊妹们共同玩耍，他们也经常尝试去独自完成一些事，不需要“永远”有人陪伴。无聊了，到社区里其他小朋友或同学家串门，是很平常的事。若找不到玩伴，自己溜直排轮、打羽毛球、踢足球、荡秋千，都可以打发暑假里的午后时光。

让我印象很深刻的是，在我们住家附近的一个少年，风雨无阻地会在同一个时间出来荡秋千。你看，是不是“无聊至极”呢？但也许他正在思考着某些他认为重要的事吧！这是他每天固定的“独处时间”。

我经常想，孩子有伴很重要，但是独处的能力，更是将来竞争力的一

▲ 在草地上晒太阳，发呆 ▲

环。因为在独处过程中，孩子可以学习思考，可以心无旁骛地做一件事，也可以练习不害怕。没有办法独处的孩子，容易恐慌。在学校也是一样，学校里有各式各样的益智游戏，孩子可以自己玩积木，也可以和同学们一起玩益智游戏，天气好的时候，就在室外跑跑跳跳。虽然德国小学里的玩乐设施不多，但是孩子却可以玩出很多新花样。

◎人生中的任何一种体验，都不是浪费

记得小时候我常常被妈妈骂“浪费时间”，其实我是在“浪费时间”看课外书，“浪费时间”与朋友相聚并制造共同回忆，“浪费时间”在博物馆，“浪费时间”在听音乐，“浪费时间”在打球……都是在体验人生的一部分。这样，真的是浪费吗？

有了在德国居住多年的经验，我们的小K回台湾后依然很闲，闲得每

天写完作业就看小说。从来没受过正统中文教育和英文教育的小K，回台湾之后的英文、中文竟然都进步神速，完全拜“无聊至极”所赐。所以有时候寒暑假根本不需要给孩子安排满满的行程，可以偶尔让孩子尽情地玩耍。很多创意，都是从无聊和无意中的想法开始的，不要总是担心孩子赶不上别人，而让孩子在不断填鸭的现实中渐渐失去天马行空的创造力。我相信，每个孩子都有自己的路。

小K妈的悄悄话：

◆德国小孩总是知道怎样安排自己的时间，而且还从小就学会独处……这些竟然都是孩子们在自己的“空白时间”中学习到的。看似在“浪费时间”，实际上他们早已获得了“为自己做决定，主宰自己人生”的能力。

05 在假期中开启“乌尔劳不”（Urlaub）模式

小K爸的工作合约上写着：每年有六周假，规定一定得在一年内完全休完。没有休完的话，老板可能还会怀疑你的工作能力——因为你连自己的生活都不知如何安排，老板怎能期望你在工作上能安排得好呢？很有趣的逻辑。

德文中讲的“乌尔劳不”（Urlaub），就是“度假”的意思。有一次到幼儿园接小K的时候，看到班级的布告栏上多了一张平日里没有的表格。仔细一瞧，上面写着每个孩子的名字，旁边注明：“请各位家长列出孩子们在暑假里度假的日期，以协助学校老师调配工作和安排度假的时间。”可见“乌尔劳不”（Urlaub）在德国，对大人小孩来说，都是一件很要的事！

德国孩子的假期不少，因此在假期里，父母亲安排一家人外出旅行是件司空见惯的事。所以幼儿园的老师索性列出表格，让大家填上自己的度假时间，也好安排暑假里幼儿园的活动，以及安排老师们自己休假的时间。

因为家里有上学的孩子，所以我很了解，寒暑假通常是父母亲最伤脑筋的时候。在台湾，长长的假期里，父母亲多会为孩子安排许许多多的活动，假期夏令营的种类也很多，但他们也很好奇欧洲孩子们的暑假，除了待在家里的时间，他们到底是怎么过的?

◎人性化的休假制度

在德国，不论你是在工作还是上学，假期都很多，因此如何安排自己的假期，是德国人很重要的“必修课程”。

欧洲孩子们的暑假，不像在台湾一放就是两个月，时间太长，安排上也不容易。在德国，一般假期是比较分散的，大致上来说，主要的、较长的假期可以分成：春假（即复活节假期）、暑假、秋假、圣诞假期以及寒假。

除了春假是一周、暑假约莫六周，其他的假期都为期两周。因为欧洲的夏天时间不长，而且夏季天也黑得晚，因此大部分安排度假的人潮都在夏天出现。德国学校放暑假，为了错开度假旺季，各个联邦州的假期，前后会错开一至两周，也就是说，在南部的拜扬可能先放两周，然后早两周开学；而我们所居住的萨克森州，可能是晚两周放假、晚两周开学。

据德国朋友说，这样的安排是为了让父母亲可以轻松排假，在暑假时可以带孩子去度假或旅行。我很喜欢这样人性化的休假制度。不仅父母亲

▲ 到比萨斜塔一游

可以自己安排时间，孩子们也可以利用假期，有父母亲的陪伴到处去走走，又不必到处人挤人，而且更可以提早规划。

在欧洲，不论机票或是车票、旅馆，都是越早订越便宜的，所以德国人多会在一年或半年前就计划好度假的时间、地点，订好度假的旅馆和机票，与孩子共度假期。

我记起刚到德国的时候，小K爸的工作合约上写着：每年有六周假，规定一定得在一年内完全休完，没有休完的话，老板可能还会怀疑你的工作能力——因为你连自己的生活都不知如何安排，老板怎能期望你在工作上会安排得好呢？很有趣的逻辑。

德国人认为，不会安排生活的人，一定也无法做好自己的工作，而且，放假就是休息，而休息，是为了让工作可以达到更好的效果。所以从小他们就觉得，即使再没钱，也要想办法去度假，就连已经失业在家的人，一边领失业救济金，每个月还固定要到失业救济中心报到，一边仍然可以向失业救济中心请假，因为每个人都需要度假！

▲ 西班牙海岛马尤卡岛

◎人要懂得休息，路才能走得远

每当放完暑假后开学，老师总会请每个同学上讲台和大家分享暑假里的趣事、见闻，也可以说说自己度假的心得，以及度假的愉快经验。小K则是喜欢在旅行回来后，用照片与简单的文字，自己做一本小小旅行书，到学校与老师、同学分享，有一次还得到老师的称赞和加分，因此每次度假后他总是乐此不疲。

我们不是常说“读万卷书不如行万里路”吗？行万里路之后，孩子的小小心灵也会有不少的收获。尤其在欧陆，还有一种叫做Last minute的旅行

▲ 佛罗伦萨小旅行

十分流行，也就是到出发前才做决定，虽然选择性不多，但是价格上来说非常划算，包括了交通、住宿等，既省钱又方便，很多家庭都很喜欢这种旅行方式。

还有一次去幼儿园接小K的时候，我看到了一个有趣的可爱画面。因为天气太热，老师在广场的草地上撑起遮阳伞，让孩子们在伞底下玩耍，几个小女生拿着浴巾铺在伞下的草地上，又拿出点心，一边吃着美味一边享受着日光浴……这个画面不就是在模仿大人们度假时的样子嘛！好可爱的孩子们呀！

没有人预设出去度假一定要有所谓的实质“收获”，也不认为度假是在“浪费时间”，度假就是度假，有收获固然很好，但度假主要是为了休息，而休息是为了走更长远的路。

这一点，德国小孩从小就知道，而且始终在身体力行。

我常想，这样不是也很好吗？所以每一年，即使我们在德国的生活费昂贵，我还是会想办法用最不花钱的方式去度个假。也许是到附近的小镇骑骑单车，或是为了省钱而舍弃坐飞机，改搭来回四十四个小时的火车，千里迢迢地到意大利，住小小的便宜旅馆，而且还在旅馆的公用厨房自己烹饪晚餐……总之，就是希望可以出去走走。

度假或短暂的旅行，都可以让我们的身心离开既定的生活模式，像风筝一样出去散散心，回来时无论是念书还是工作，都会达到事半功倍的效果。旅行、度假，让人可以从中获得更多能量。

小K妈的悄悄话：

◆据英国《每日邮报》报道，澳大利亚维多利亚大学“旅游及康乐”专家瑟巴斯汀·菲列普（Sebastian Filep），邀请六十位度假者及二百位自助旅行者进行深入调查分析，研究结果显示，旅游真的会让人更快乐，也因此可以改善人的身心健康，让人更长寿。

06 怎样让电视成为孩子的益友，是父母亲共同的课题

看电视不是一件坏事，但是看多了，并无太大益处。在德国播出卡通最多的频道Kika到晚上七点以后，就没有小孩看的节目了。这是因为七点以后是孩子必须上床睡觉的时间，德国人认为睡眠对孩子是很重要的，睡眠不足的孩子长不好，因此连电视台的儿童节目也大部分在七点半到八点就不播了。

在德国，小孩看电视吗？看呀，怎么不看？现在应该很少有小孩子不爱看电视的吧？但如何制约孩子看电视的时间，就成为家长重要的课题了。

看电视其实是现代社会的娱乐方式之一，适度地看些电视，而不是沉迷电视节目，应该也可以算是良性学习的一种。有许多的德国人不喜欢孩子看太多电视，反而希望他们在户外玩耍，因此会选择一些孩子喜欢、有

益的电视节目给孩子看。在德国，其实有许多不错的儿童节目。

◎德国小孩最爱看的频道

在德国，小K最喜爱的电视频道——Kika，除了播放卡通之外，还有知识性的节目，介绍环境、自然、人文等各种知识，利用动画、短剧、图像，让孩子了解生活中的各项变化。

主持人还曾经在节目中介绍奶酪、酸奶等乳制品是怎么制成的；冬天里森林的动物怎样过冬，在德国最大的太阳花（向日葵）竟然有八米高等，有时也教导孩童自己动手做简单的实验。

看电视，就像在看一本有趣的百科全书，引发孩子学习的兴趣。看电视可以吸收或印证课堂上所吸收的知识，也算是件有趣的事。

播出卡通最多的频道Kika到晚上七点以后，就没有小孩看的节目了。这是因为七点以后是孩子必须上床的时间，德国人认为睡眠对孩子是很重要的，睡眠不足的孩子长不好，因此连电视台的儿童节目也大部分在七点半到八点就不播了。

◎专为儿童制作的新闻节目

有一个我很欣赏的电视节目，是专门为孩子们制作的儿童新闻（Logo-Kindaer Nachlichten）。这个儿童新闻，每天只有十分钟，但是它告诉孩子们每天世界各地所发生的最重要的事，这对开阔孩子的视野很有帮助。最近，这个电视节目还得奖了呢。

看看台湾的新闻，政治、社会新闻占了绝大多数，画面的处理也没有经过太多的修饰，所播报的国际新闻重点，常常落在台湾本地、亚洲和美国，缺乏对世界的了解，然而人们要想拥有国际观，应该是去了解每天世界发生了什么事，而不应该局限在某个区域。

德国的儿童新闻节目，每天为孩子挑选正在发生的重要新闻，并且会从孩子的视角深入探讨和了解，例如中东战争、非洲的饥荒问题、全球暖化、火山爆发、墨西哥湾漏油事件等。

节目中除了告诉孩子这些新闻本身之外，还告诉孩子为什么会漏油、发生的原因、解决的方法、如何预防等。

你一定会觉得这样的电视节目一定不好看，其实不然，他们用有趣的方式，最简单的话语，告诉孩子们这个世界发生了什么事，我们该如何保护环境，节目的出发点就是世界观，而不只是自己国家的新闻才关心。因为现今的世界是牵一发动全身的，身为地球上的一个生命，有些事绝对无法置身事外的。这也是现代孩子该关心的事。知识吸收得广泛了，孩子就会有自我思考的能力，而不是只有老师和父母讲的观念，他们可以发展出自己的想法。

◎帮助迷途青少年找回自我的节目

在每个国家都有问题青少年，当然，德国也不例外。曾经看过一个电视节目，拍摄专业的社工如何帮助一些迷失方向的孩子找回自我，并肯定自己的故事。

有一群孩子，因为不想上学而离家出走，父母亲劝说不动，也没有办法，因此帮他们的孩子报名参加这个电视节目。几个社工人员，集合了这些没有目标、也不想回家、无法跟人相互合作的青少年，搭飞机到美国的一个沙漠里生活。

“沙漠里什么都没有，他们必须互相信任、互相帮忙，才能够活下去。如果有任何问题，可以找社工人员沟通，社工人员会给予他们帮助。在这样什么都没有的陌生环境里，过了两个星期，这些叛逆的孩子为了生存下去，最后愿意与其他的伙伴合作。”

节目组借助这样的环境与心理治疗，帮助他们找到努力的动力。我相信做这样的节目成本会很高，但是让孩子们看起来却很有意义，很震撼。

◎德国版“全能住宅改造王”

另外还有一个节目——Zu Hous，也是我们全家经常一起观看的。这是由一位室内设计师、一位建筑师，以及一个专业的水电、建筑团队，为一些需要帮助的家庭重新打造新家的节目。

一些父母亲因生病无法外出工作，或是有残疾、有特殊问题孩子的家庭，以及有经济困难的单亲家庭……只要写信到这个节目的制作单位，他们就会为你免费翻新住家内部的装潢，有时还帮助行动不便的残疾家庭，设计无障碍空间……这个节目在德国很受欢迎，也因此帮助了很多需要帮助的家庭。像这样的电视节目很适合全家观看。

◎怎样让电视成为孩子的益友

除了为孩子选择这些优良的电视节目，德国孩子的父母其实主张不要让小孩从小养成看太多电视的习惯，让孩子除了盯着电视之外，也可以做些其他的活动。有些德国父母，为了不让孩子看太多电视，严格控制孩子看电视的时间，并培养孩子听音乐、看书、听广播的习惯，甚至在孩子睡不着的冬夜里，陪孩子玩益智游戏。

而孩子电视看多了，会养成被电视左右作息的不良习惯，几点钟一定要等在电视机前看他喜欢的电视节目，若父母亲无法满足他，就连吃饭都不好好吃，还会大发脾气……父母亲也会觉得因电视看多了而造成的问题多多，的确无太大益处。

实际上，陪在孩子身边适度地看些好的电视节目，也是有助于孩子了解时事、增长知识的。因此，我们也需要更多适合孩子看的、好的电视节目。也由此看来，怎样才能让电视成为孩子的益友，将会是东西方父母亲共同探讨的课题。

小K妈的悄悄话：

◆怎样让孩子适度地看电视，为孩子选择好的电视节目是关键。陪孩子一同观看，帮助孩子控制好每天看电视的时间，并彻底地执行，让孩子从小养成好习惯。

07 有趣的狗狗陪读计划

有人问我，怎样才能让孩子自发性地喜欢上阅读？我想，除了学校里老师的鼓励和培养，父母亲也占有举足轻重的地位。小K在德国时，就已经培养出了自发阅读的能力。现在，小K的阅读速度已经超过了爸爸，并且经常催促爸爸赶快把他正在看的小说看完，好跟他一起讨论书中的内容。

在我们还居住在苏格兰的时候，我曾经看过一个电视节目——如何提高孩子的阅读兴趣。

在这个节目的调查中显示：在英国，越来越多的孩子不喜欢坐下来阅读，于是他们想出了一个新奇的方式来引发孩子读书的兴趣，称为——“狗狗计划”。这个有趣的计划，就是请专人训练出的专业牧羊犬来陪小朋友读书，训练小朋友坐下来读书的定力，也就是请狗狗来当小朋友的书童，陪伴并督促他们读书。

在这个有趣的计划中，只要有小朋友放下他的书不看了，牧羊犬就会过去帮小朋友翻书，并且坐在一旁陪伴他。加入“狗狗计划”的小朋友每天放学后要在学校里阅读一个小时，并坚持三个月的时间，帮助原本不爱阅读的小朋友，慢慢可以静下心来读书，久而久之习惯养成，就不需要再借助狗狗的督促了。

我觉得这个陪读方式很有意思，虽然是希望孩子养成阅读的习惯，但用的却不是强迫的方式。也说明了在西方教育中，阅读被认为是最基本、最重要的基本能力，不强调死记单词，而是鼓励所有的孩子大量阅读书籍，从阅读中去扩大词汇量。

有人问我，你家孩子喜欢阅读吗？怎样才能让孩子自发性地喜欢上阅读?

我想，除了学校里老师的鼓励和培养，父母亲也占有举足轻重的地位。小K在德国时，就已经培养出了自发阅读的能力。

在德国小学的孩子们课业压力并不大，孩子可以自由运用的时间很多，因此在小K渐渐识字之后，我们开始有计划地培养他阅读的能力，增进他阅读的速度。由于小K当时熟悉的语言是德文，我们无法陪伴他用德文来阅读（因为我们自己也不会呀），他所认识的中文字也还不够多，因此我们就从英文阅读开始。

一开始，我们和小K一起选了一套他喜欢的小书——有图也有些简单的文字（相比较绘本的字句稍多一点），每天选一本，念给他听一遍之后，再由他自己念一遍，接着再解说书中的故事给他听。了解书中的意思之后，他再自己重新念一遍，也可以和我们继续讨论书里的内容。起初

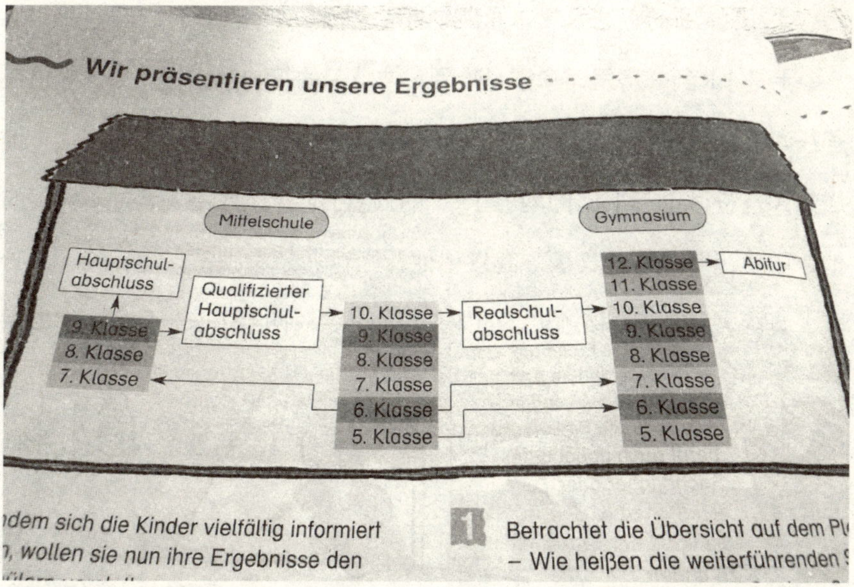

▲ 教科书里的学制表

小K也是念得磕磕巴巴、乱七八糟，但是经过一段时间的训练之后，他不但可以把英文句子念得好、念得正确，也逐渐开始可以自己去了解书的内容，于是需要解说的部分就越来越少了。

除此以外，阅读也是一种行为的学习和培养。

有一段时间，小K爸的工作不算忙，所以就开始重新阅读英文版的《哈利·波特》。

这时在一旁玩耍的小K，看见爸爸每天都捧着书看，引起了他的好奇心，就凑过去问："爸爸，你在看什么书呀？"

"我在看《哈利·波特》。"爸爸回答。

"我也想看。"小K很认真地说。

“好啊，那你就去拿一本你喜欢的来看吧。”

于是小K到书房里，拿了《哈利·波特》的第一集，煞有介事地坐在爸爸旁边看了起来。一开始我不知道他看得懂多少，但是一段时间后，他居然和爸爸讨论起书里的内容了，而且越讨论越有兴趣。看过英文版的他，居然还要求看德文版。我发现他开始对书籍充满了兴趣，除了《哈利·波特》，他开始接触更多的他喜欢的书，一两年下来，他已经可以用英文、德文阅读整本的小说了。

目前小K的阅读速度已经可以超越爸爸，并且经常催促爸爸赶快把他正在看的小说看完，好跟他一起讨论书中的内容。

爱上阅读的习惯养成，是需要长时间来培养的。除了阅读的初期需要用朗读和陪伴的方式，常带孩子到图书馆、书店去逛逛，也容易引发孩子对阅读的兴趣。有了对阅读的兴趣，就不需要再担心孩子不喜欢看书了。

小K妈的悄悄话：

◆阅读习惯的养成极其重要，除了增加知识，更可以累积对文字运用的熟悉度，一举数得。

08 孩子的适应力是培养出来的

在欧洲时，我曾经问小K，我们因为爸爸的工作经常搬来搬去，你会不会觉得不好，或是没有朋友可以一起玩？他竟不假思索地回答："不会呀，搬到新的地方，过一个月就有朋友了，新的朋友加上旧的朋友，就世界各地都有朋友啦！"

二〇〇九年的十一月，我们全家人结束了五年多的欧洲生活，回到台湾。

我被问到一堆关于孩子的适应问题。

"这样搬来搬去，小K不会不适应吧？""中西教育不同？小K的课业跟得上吗？""小K回到台湾，会说中文吗？""对小K来说，学中文应该很痛苦吧？"……

真没想到，各种千奇百怪的问题都出炉了。我一一给了回复。

◎孩子的适应力和聪不聪明无关

小K回到台湾的时候，根据他的年纪念的是三年级。回来之前，他除了在台湾念过一年的幼幼班，一直接受欧洲的教育：两年在英国、三年多在德国，所以大家“理所当然”会质疑他的中文能力和适应问题。

而当我回答说，他适应得很好，而且甚至很喜欢他的学校时，大家都直觉不可思议。“这么棒啊？”“他是我见过适应力最好的小孩了，应该很聪明吧？”在我看来，倒不认为小K是一个特别聪明的孩子，他有些小聪明，但是与他适应能力良好并没有太大的关联。他的适应力，和家庭环境有关，是我们慢慢陪着他培养出来的。

也有人说，放到那个环境中，小孩没有什么不能适应的。我并不十分同意这个说法。孩子的适应力，通常来说是比成年人要好得多，但并不代表把他放到任何一个新环境中，他就可以自然而然地适应一切，这样只会增加孩子的挫折感和适应不良的排斥感。

以小K来说，三岁半到四岁之间就进入苏格兰当地的幼儿园就读，在一个全然陌生的语言和环境中，他必须学习自己往前走。

我记得当时他进入爱丁堡的一家幼儿园，一开始他很害羞，我也觉察到他有一些不适应，我试着在送他到幼儿园时告诉他：“学校很好玩，老师人也都很好，有事跟老师说，不会说就比画！放学时妈妈来接你，回家后你教我英文喔！”这样也许会让他有了一个憧憬和小小的责任，他就会慢慢地学会融入新环境。

因此在刚开始的时候，他必须学习如何融入一门语言、文化，甚至是同学、老师，以及熟悉学习环境中完全不同的团体。对他来说，真是一个艰巨无比的挑战。而且还要学习在学校中任何事都自己打理。但即使他年纪那么小，老师还是训练他凡事自己来，最多从旁协助一下。

就这样，在进入爱丁堡幼儿园大约两周后，有一天，小K告诉我，有一个老师看他总是坐在那里很无聊，于是老师会每天抽空出来，单独用图片教他念所有的英文单词，而且老师在跟他说话的时候，不仅语速特别慢，还会用一些肢体语言，让他在学习英文时不恐惧。每天放学回到家后，他偶尔也会跟我说一些英文——因为我说过，请他一定要教我的嘛！所以他就很认真地把他学会的英文单词“教我”。

短短的一个多月后，小K就可以完全融入爱丁堡幼儿园的生活了，他的英文虽然还不能朗朗上口，但是已经可以跟着大家一起做游戏、听故事了。后来，因为我们搬家，转入到格拉斯哥另一所幼儿园时，遇到了来自台湾的小朋，以及一个半亚洲血统（日本的妈妈、苏格兰的爸爸）的小朋友，后来小K就更加喜欢去幼儿园了。

◎孩子的适应力不是天生的，是逐步培养出来的

小K在苏格兰已经就学近两年了，可是在得知小K爸念完书后竟然找到了德国工作，全家又必须从英国搬到德国时，许多朋友、家人就担心地问我：“这样搬来搬去对孩子好吗？”起初我也担心语言和环境的再度转换，孩子会不适应，但是为了工作，没办法，我们还是举家搬迁到了德国。

一开始，我花了相当多的时间和小K沟通搬家、转学的事，让他对新生活有些憧憬，以免他搬过去后产生排斥感。但我渐渐地发现，这样的搬迁，不但没有让他中断学习，却让他多了一些前所未有的能力——适应力，更多了第三种语言能力——德文。

于是我开始渐渐相信，适应力不是天生的，而是可以逐步培养的。

培养适应力，也不是放任孩子自己去适应，毕竟孩子年纪太小，过度的挫折并不是件好事。有些孩子因为转学，适应不好，父母亲又没有特别注意孩子的心理状态，让孩子因为环境、语言的适应不好，产生了一些行为偏差和心理上认同的问题。

我曾在德国见过一个孩子，因为家庭因素，小学高年级时才从中国台湾搬到德国，因为德文不好，家境又不足以支付国际学校昂贵的费用，在孩子进入德国当地的学校后，产生了极度的适应不良。他的父母亲没有给予他适当的帮助和心理建设去融入新的环境，他特别地排斥新学校，从而也衍生了许多生活上的问题。

◎帮助孩子适应不同环境的方法

环境的转换对孩子来说，其实不见得完全是件坏事。在现代社会能越快融入新环境，就越有竞争力。当然，幼小的孩子心智发育还没有成熟，更需要父母亲从旁协助他去自我成长。因此我也学会了许多如何帮助孩子适应环境的方法。

每当我们家在做“搬家、转换工作、换学校”等大变动之前的一段时间，我会先给孩子搞好心理建设，告诉他，我们为什么要搬家，搬家后他可能会遇到更多好玩有趣的事，遇到更多不一样的同学和朋友，学习更多不同的东西，让他先拥有正面的想法和能量。

另外，我学会在转学后，与老师沟通，然后帮助孩子找到自己的朋友，邀请他的朋友到家中来玩，或拜访新同学、邻居等等，尽快让他建立新的生活圈和社交范围。因此他在学习上、生活上就会很快地如鱼得水了。

小K现在已经因为我们搬家，念过了中文、英文、德文共六所幼儿园以及两所小学，他的学习能力和适应力都还算不错。我相信只要让孩子自己愿意去适应新环境，凡事都会变得容易克服，而不是被动地、毫无准备地被父母告知要转学或搬家，从而让孩子内心动荡不安。经过这么多次的转学搬家，他也在渐渐长大，他在和同伴的语言交流上也拥有了能够自我调整、尽快进入状态的能力。

◎真的耶，我有好多不同国家的朋友！

在回到台湾大约三周后，有一天放学回家的路上，小K忽然告诉我：“妈妈，你说的是真的耶！”

“什么东西是真的？”

“你不是说我们虽然这样搬来搬去，我会有更多不同国家的好朋友吗？我发现是真的耶！你看，现在我有台湾的同学，还有苏格兰的Richard、Neo，德国的Armin、Cerlina、Lukas、Marvin、Jan……我有好多

▲ 小K和他最要好的朋友们

不同国家的朋友耶！而且，有空还可以跟他们用Skype（一种网络即时语言沟通工具）聊天，真好玩！”

这时我再问他，我们这样搬来搬去，你会不会觉得不好，或是没有朋友可以一起玩？他竟然不假思索地回答：“不会呀，搬到新的地方，过一个月就有朋友了，新的朋友加上旧的朋友，就世界各地都有朋友啦！”

嗯！是这样的。

现代社会国际化发展进程比较快，让很多家庭不得不因父母亲工作的关系而四处搬迁，许多孩子也必须适应不断转学的生活。其实父母要懂得适时放手，并给予孩子适当的鼓励与帮助，在每个新的环境中，试着让孩子自己往前走，久而久之，他们的适应力就自然而然地养成了。并且可能好得超出你的预期。

小K妈的悄悄话：

- 不要太担心环境的转换，因为改变也意味着进步与成长。孩子要长大，必须学会自己跌跌撞撞往前走。最重要的是，提前为孩子搞好心理建设，这才是帮助孩子适应新环境最重要的课题。

德国人务实的作风，诚实的美德

一个东方人拿着纸条在德国问路："先生，走路到这个地方大概什么时候才能到？"没想到德国人根本不理他，让他觉得这个德国人很傲慢。当他继续往前走了二三十米后，德国人突然从他身边追上来说："你到那里大概要十二分钟的时间。"东方人不解地问："那你刚才为什么不告诉我呢？"德国人回答："因为我要先看看你走路的速度才知道答案。"

这个有意思的小故事，说明了德国人务实的作风。

其实，德国人的务实作风不仅体现在日常生活中，更表现在工作上。在不特别强调学历、只求分工专业的德国企业里，无论是高层的管理者还是基层员工，都致力于自己分内的工作，踏踏实实地做事，强调团队合作的结果。

发挥团队合作，实事求是，一丝不苟的敬业精神已经渗入德国人的血液里。他们一旦开始工作，就像一架精密运转的仪器，严格冷峻。正是因为如此务实的作风，德国企业才能创造出驰名世界的汽车等众多产品。

除了务实，德国人也以"诚实"为做人的基本准则和道德标准。德国人为人守信、敬业，实事求是，生活朴实，行为不夸张，不说大话。在国际上，德国人也因此被赞誉为"绝对是最好的工作伙伴！"

后记

搬回台湾八个月后，小K开始放暑假了，我们带着他再次回到德国去拜访他的同学、老师，并且回去上了将近三周的课。

我们也正好利用这次回德国的假期，拜访了朋友Anna的公公Werner Retschel（他是一位退休的老校长），更深入地了解了东德时期的德国教育。

Anna和她的德籍丈夫Hogel，在约定的时间到我们的住处，接我们一起前往Werner Retschel的家。从蜿蜒的山路，弯进一座离德累斯顿约二十分钟车程的宁静小村落，这个小镇几百年来似乎都没怎么改变过。我们在Retschel校长的屋子里喝下午茶，了解了更多德国教育的历史，也交换了一些我们对孩子教育的想法，从中发现中西方的孩子接受的教育情境以及教育的观念真的是很不相同。

中国台湾人对于孩子学习成绩的注重，是德国人永远“望尘莫及”的，而且不仅仅是台湾地区，中国大陆、日本、韩国、新加坡……父母亲对于孩子的学习成果，总是过度担心，生怕自己的孩子输在起跑线上，所以为他们填满了各种才艺和学习课程，这让孩子从小就缺失了童年的欢乐。

相比于亚洲，我看到德国的孩子，童年过得比较快乐。德国父母不会一味地要求孩子的功课名列前茅，也通常不会刻意要求孩子学习他不想学习的才艺。孩子从小就对自己真正的兴趣比较有掌控权。

虽然德国的教育已经做得不错了，但是也有很多德国人相当不满德国的教育现状。有人认为上课时间开始太晚，有人觉得中学生课时数太少，还有人觉得基础教育年限太少，等等，总会对教育有许多不同的声音。

德国人基本上对于孩子是相当保护的，虽然注重培养孩子们的独立性，但也不会轻易让孩子独自随意冒险，和我以前在书上看到的或听到的德式“残酷教育”——冬天把孩子放到户外，认为多穿衣服容易感冒等做法，有很大的出入。

相比于德国，台湾的孩子可以说是受到了过多的保护。例如，德国孩子在学校中必须学会自己去解决与同学之间的问题，不是一开始就依赖老师来解决；而在台湾，老师、家长甚至同学对于孩子犯错的容忍程度是比较低的，因此一些待导正的偏差行为容易在不知不觉中被放大。

如果我们的老师和家长，可以用一些更幽默的方式去导正孩子的偏差行为，家长不干涉孩子与同学之间的太多琐事，比如有时候根本是孩子们自己的事，隔天就忘了，但有的小事却弄到家长彼此之间都不愉快等，我想我们的老师和家长一定会轻松许多。

小K在台湾的新生活，课业上适应得不错，中文的“读和写”部分更是进步神速，所以说环境果然是孩子学习一门语言很重要的因素。

但在文化和气候变化的适应部分，对我们来说是比较难克服的一环。从来没有在台南居住过的小K，变得容易发脾气、心浮气躁，加上人与人之间的距离太接近，他的情绪性冲突也比在德国时多。

有时候他要是发脾气，老师就会让他一个人待在不被打扰的角落，安静地坐一下，过一阵子，他就可以平衡过来，而且会把刚刚的不愉快忘记了。“也许让他正视自己身处的环境，想办法适应这个环境，与不同的同学和老师相处，是给他最好的磨炼和课题。”

不同的生活教育方式，自然会教育出不同生活态度的孩子。

在孩子成长的过程中，除了学业成绩，品格的教育也需要父母亲格外地留心和注重，如何帮助孩子找到自己的方向，才是最重要的。尤其是在孩子感受到学习压力过大时，更需要父母、师长的耐心开导和更多关心。

我写作这本书，并不是为了宣扬德国教育做得有多好，而是希望通过与各位老师、父母亲分享我长期陪伴孩子在德国生活、学习、共同成长的经验，能够多少帮助大家在现行教育体制下也能找到不一样的教育观念与方法。

尤其是在现代社会日新月异的变化和快速发展进程中，怎样培养孩子的适应力，已经是作为家长的我们在孩子成长的过程中必须面对的课题。因此，希望我们大家都能给孩子们多制造一些快乐与甜蜜的回忆。

如果这本书能够真的有一点帮助到更多的父母亲与孩子，那么写作这本书，就值得了。

沈佳慧Monica

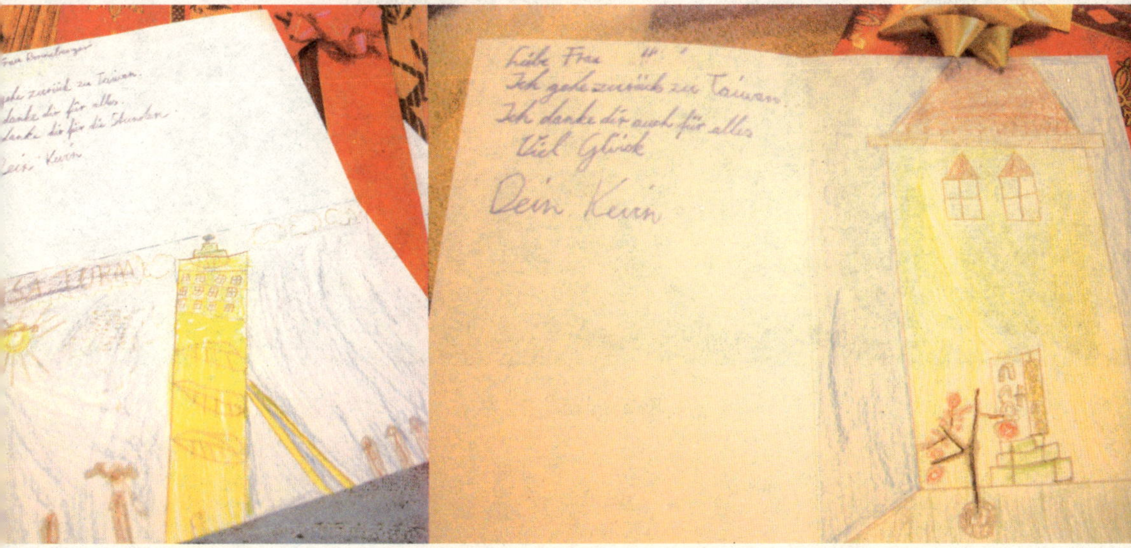

▲ 回台湾前，小K自己画了一张感谢卡片送给老师

▲ 和校长见面时的合影

让孩子与世界美好相遇

让孩子与世界美好相遇

让孩子与世界美好相遇

让孩子与世界美好相遇